RONOMIE

*des Dames*

DES DAMES,

PAR JÉRÔME DELALANDE,

Ancien Directeur de l'Observatoire.

PARIS,

CHEZ SALMON, LIBRAIRE,

# ASTRONOMIE

## DES DAMES.

IMPRIMERIE DE BRODARD, A COULOMMIERS.

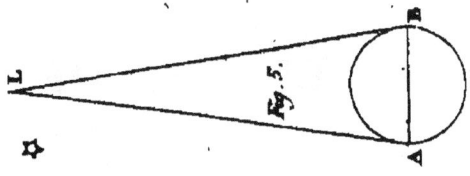

Fig. 2. la grande Ourse

Fig. 1. division du Cercle

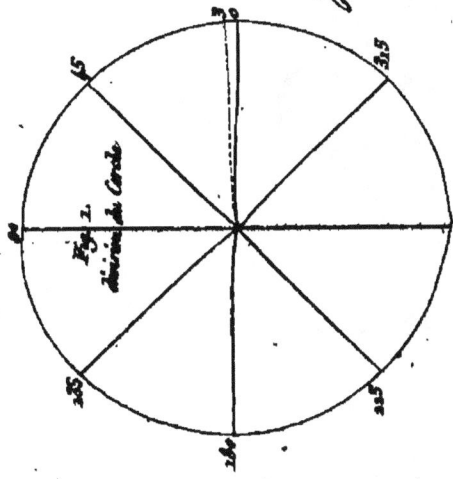

Fig. 3. Orion

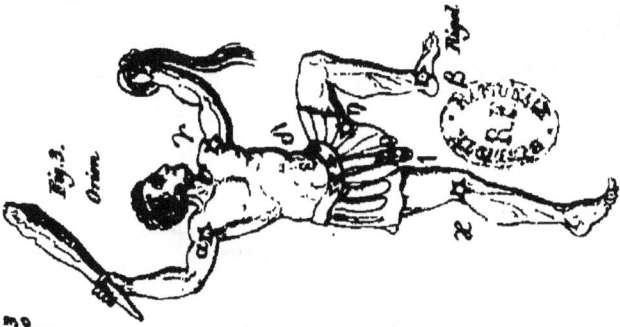

Fig. 5.

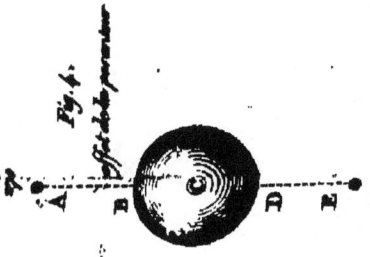

Fig. 4. effet de la parallaxe

Boulet sculp.

# ASTRONOMIE
# DES DAMES,

Par JÉROME DE LALANDE,

Ancien Directeur de l'Observatoire.

## NOUVELLE ÉDITION.

# PARIS,

CHEZ SALMON, LIBRAIRE,
QUAI DES AUGUSTINS, N° 19.

—

1824.

# PRÉFACE
## HISTORIQUE.

LE spectacle du ciel est si intéressant pour tout le monde, qu'il doit nécessairement entrer dans un cours d'études ; aussi l'on voit tous les jours les Dames s'y intéresser, faire des questions relatives à des objets d'astronomie, et regretter de ne pouvoir en suivre l'étude, mais il est très-difficile de se satisfaire à cet égard sans figures et sans calculs. Nous nous bornerons donc ici à donner un tableau général de l'astronomie, les grands phénomènes que présente cette science et des découvertes curieuses faites par les astronomes, avec une idée des méthodes par lesquelles ils sont parvenus à trouver des résultats qui surprennent toujours lorsque l'on n'a fait aucune étude préliminaire.

Je n'ai donc pu renvoyer ici à mon grand *Traité d'Astronomie* ( en trois volumes in-4°. ) ni même à l'*Abrégé* que j'en ai donné en un volume in-8°. Cet abrégé serait encore trop étendu ; il suppose quelques idées de géométrie et de calcul, et l'on a cru devoir ici les éviter. Peut-être cependant aurait-il fallu essayer de présenter ici ces premières notions de mathématiques ; mais l'appareil en aurait semblé trop effrayant pour le plus grand nombre des personnes à qui notre ouvrage est destiné ; quoique ce soient des idées bien simples, elles se présenteraient sous une forme trop imposante, et il nous importe d'attirer, non d'effrayer, à l'abord des sciences.

La *Pluralité des Mondes* de Fontenelle, publiée en 1686, et que tout le monde lit encore, aurait pu nous servir de modèle, en en ôtant seulement ce qu'il y a d'hypothétique et de suranné, comme les tourbillons, et en corrigeant les fautes qu'on y remarque, comme l'article des comètes (1);

---

(1) J'en ai donné une édition, avec des notes, en 1801 ; c'est la seule qu'on puisse lire avec confiance.

mais cet ouvrage est trop superficiel, il ne
va point assez au fond des choses ; après l'a-
voir lu, on n'a point une *idée* de la construc-
tion du ciel ; et nous espérons de la donner.
D'ailleurs les causes finales que cet auteur
imagine sans cesse, et les allusions plaisantes
dont il sème ses entretiens, ne sont plus du
goût du notre siècle, quoiqu'elles aient fait
peut-être la réputation de cet ouvrage dans
le siècle passé.

Je suivrai pour les commencemens la
même méthode que dans mon Astronomie,
parce qu'après y avoir bien pensé, je n'ai
rien pu trouver de plus facile.

Je ne demande aux Dames, à l'exemple
de Fontenelle, « que le degré d'application
» qu'il faut donner à la *Princesse de Clèves,*
» si on veut en suivre bien l'intrigue et en
» connaître toute la beauté : il est vrai que
» les idées de ce livre-ci sont moins familiè-
» res à la plupart des femmes que celles de
» la *Princesse de Clèves* ; mais elles ne
» sont pas plus obscures ; et je suis sûr qu'à
» une seconde lecture, tout au plus, il ne
» leur en sera rien échappé. »

Nous n'avons pas cependant le même projet que lui ; il voulait amener l'astronomie à un point où elle ne fût ni trop sèche pour les gens du monde, ni trop badine pour les savans ; il aurait pu se faire, comme il dit lui-même, qu'en cherchant un milieu, où l'astronomie convînt à tout le monde, on en eût trouvé un où elle ne convînt à personne. Ainsi nous oublierons totalement les savans, pour ne nous occuper que des Dames.

Déjà l'on en connaît plusieurs qui ont donné l'exemple, non-seulement de la curiosité, mais encore du courage dans ce genre : la belle Hypatia fit plusieurs ouvrages : elle professait l'astronomie à Alexandrie lorsqu'elle fut assassinée par le clergé, l'an 415. Marie Cunitz, fille d'un médecin de Silésie, publia en 1650 des tables d'astronomie. Marie-Claire Eimart Muller, fille et femme d'astronomes connus, fut elle-même astronome. Jeanne Dumée annonçait en 1688 des entretiens sur le système de Copernic. La femme d'Helvétius observait avec lui. Les sœurs de Manfredi calculaient les éphémérides de Bologne ; les trois sœurs de Kirche ont calculé long-temps les éphémérides de Berlin ; sa femme, née Winkelmann, donna, en 1712, un ouvrage d'astronomie. La marquise du Châtelet a donné une traduction de Newton. La comtesse de Puzynina a fondé un observatoire en Pologne, et on lui appliquait ce passage de l'Écriture : *Una mulier fecit confusionem genti*. Madame Lepaute, morte en 1788, a calculé plus de dix ans les éphémérides de l'académie, et la veuve d'Edwards travaille en Angleterre au *Nautical almanac*. Madame du Piery a fait beaucoup de calculs d'éclipses pour trouver mieux le mouvement de la Lune ; elle est la première qui ait professé l'astronomie à Paris. Miss Caroline Herschel travaille avec son frère, elle a déjà découvert cinq comètes. Madame la duchesse de Gotha a fait une quantité de calculs, mais elle ne peut pas être citée. Ma nièce, Lefrançais de Lalande, aide à son mari pour ses observations, et en tire des conclusions par le calcul ; elle a réduit dix mille étoiles, elle a donné 300 pages de tables horaires pour la marine, travail immense pour son âge et pour son sexe. Elles sont dans mon Abrégé de navigation.

Je crois qu'il ne me manque aux femmes que les occasions de s'instruire et de prendre de l'émulation, on en voit assez qui se distinguent, malgré les obstacles de l'éducation et du préjugé, pour croire qu'elles ont autant d'esprit que la plupart des hommes qui acquièrent de la célébrité dans les sciences.

L'utilité de l'astronomie est assez reconnue pour que je n'aie pas besoin d'insister là-dessus : indépendamment du spectacle admirable qu'elle nous offre et auquel tous les gens d'esprit s'intéressent, c'est par son secours que la géographie et la marine réunissent les extrémités du monde, que l'on règle le calandrier et la chronologie, que l'on trace des cadrans solaires, etc.

Le retour des saisons et les prédictions météorologiques pourront devenir quelque

jour une application bien importante de l'astronomie ; mais cette partie n'est pas enco e
asssez avancée. Cependant y a lieu de croire
que les années chaudes et froides, sèches
ou humides, reviennent à-peu-près au bout
de dix-huit ans, ainsi que les éclipses, et
je m'en suis servi avec quelquel succès dans
le Journal de Paris, pour rassurer le public
sur des dérangemens apparens dans les saisons.

On trouve dans l'histoire plusieurs traits
des inconvéniens de l'ignorance en astronomie pour des nations entières.

Nicias, général des Athéniens, avait résolu de quitter la Sicile avec son armée ; une
éclipse de lune, dont il fut frappé, lui fit
perdre le moment favorable, et fut cause de
la mort du général et de la ruine de son armée, perte si funeste aux Athéniens, qu'elle
fut l'époque de la décadence de leur patrie.
Alexandre même, avant bataille d'Arbelle:
fut obligé de rassurer son armée effrayée
d'une éclipse de lune. Il fit avertir les astronomes égyptiens ; il ordonna des sacrifi-

ces au Soleil, à la Lune et à la Terre, comme aux divinités qui causaient ces éclipses.

On voit au contraire d'autres généraux à qui leurs connaissances en astronomie ne furent pas inutiles : Périclès conduisait la flotte des Athéniens, il arriva une éclipse de Soleil qui causa une épouvante générale; le pilote même tremblait : Périclès le rassura par une comparaison familière : il prit le bout de son manteau, et lui en couvrit les yeux, il lui dit : Crois-tu que ce que je fais là soit un signe de malheur? Non sans doute, dit le pilote. Cependant c'est aussi un éclipse pour toi; et elle ne diffère de celle que tu as vue, qu'en ce que la Lune étant plus grande que mon manteau, elle cache le Soleil à un plus grand nombre de personnes.

Agatoclès, roi de Syracuse, dans une guerre d'Afrique, voit aussi, dans un jour décisif, la terreur se répandre dans son armée, à la vue d'une éclipse; il se présente à ses soldats, il leur en explique les causes, et il dissipe leur craintes.

Tacite parle d'une éclipe dont Drusus se servit pour appaiser une sédition. On raconte des traits de cette espèce à l'occasion de Sulpicius Gallus, lieutenant de Paul Émile dans la guerre contre Persée, et de Dion, roi de Sicile. Christophe Colomb, à la Jamaïque, profita d'une éclipse de Lune qui devait avoir lieu, pour obliger les sauvages à le délivrer d'une situation très-critique; et nous-mêmes nous nous servons de l'astronomie pour affranchir le public des terreurs que l'astrologie et les comètes n'ont que trop souvent répandues. En 1186, il y eut une conjonction de toutes les planètes. On disait qu'elle causerait des malheurs inouis; mais cette année se passa comme les autres. Nous avons vu encore, en 1773, tout Paris, s'effrayer d'une arrivée de comète qui n'avait aucun fondement; et cette terreur incroyable s'était étendue jusque dans les pays étrangers.

Après avoir donné une idée des avantages de l'astronomie, parlons aussi de l'histoire et des progrès de cette science. L'histoire

de l'astronomie doit remonter , suivant
M. Bailly (1), à un peuple antédiluvien dont
le souvenir s'est perdu, et dont quelques dé-
bris de connaissances astronomiques ont
échappé à la révolution générale. Mais les autres historiens rapportent aux Égyptiens et
ensuite aux Chaldéens l'origine de cette
science. C'est en Égypte que Platon et Eu-
doxe avaient puisé les notions dont il enri-
chirent la Grèce 370 ans avant l'ère vulgaire.
Céphée et Cassiopée étaient d'Éthiopie :
cela reporte au midi de l'Égypte l'origine
des constellations ; mais les Égyptiens ca-
chaient soigneusement leurs connaissances ;
elles devaient se perdre avec le gouverne-
ment, la religion et le langage. C'est chez
les Babyloniens qu'Hipparque trouva les
plus anciennes observations dont il pût faire
usage pour déterminer les mouvemens de la
Lune. La première de toutes est une éclipse
de Lune observée à Babylone 721 ans avant
l'ère vulgaire. Ptolomée nous a conservé diverses autres observations faites à Babylone

_____

(1) Histoire de l'Astronomie, 5 vol. in-4.

jusqu'à l'an 492 avant notre ère. Alors les rois de Perse, qui devinrent maîtres de Babylone, n'y résidant point, l'émulation s'y ralentit, et la réputation des sciences y diminua.

Les Grecs disent que Thalès de Milet, environ 600 ans avant notre ère, détermina, le premier, le mouvement du Soleil, et apprit aux Grecs la cause des éclipses ; Hérodote dit même que Thalès avait prédit une éclipse ; mais c'eût été tout au plus par la période de dix-huit ans, qui ramène les éclipses dans le même ordre ; et cette connaissance ne pouvait venir que de l'Égypte ou de la Chaldée.

Environ 300 ans avant notre ère, il se fit une révolution dans l'astronomie par la protection des Ptolémées, rois d'Égypte. Les premiers Grecs qui cultivèrent l'astronomie à Alexandrie, furent Timocharis et Aristylle ; Ptolémée, dans son *Almageste*, assure qu'Hipparque avait employé leurs observations, quoiqu'imparfaites, et qu'il avait reconnu par leurs moyens le mouve-

ment des étoiles en longitude. Ptolémée lui-
même cite plusieurs de leurs observations :
la plus ancienne est de l'année 294 avant
l'ère vulgaire. Timocharis vit le bord boréal
de la Lune toucher l'étoile boréale au front
du Scorpion ; cette observation est une des
meilleures que nous puissions employer
pour connaître le mouvement qu'ont eu les
étoiles fixes.

Ptolémée Philadelphe succéda à Ptolémée,
fils de Lagus, vers l'an 283 ; prince instruit
en toute genre de sciences et protecteur dé-
claré de ceux qui les cultivaient, il attira
dans sa capitale des savans tant de la Grèce
que d'ailleurs ; il les logea dans son palais,
leur assigna une subsistance honorable et
leur procura les moyens de travailler avec succès dans les sciences. Le muséum ou collège
d'Alexandrie est célébré dans Strabon ; l'é-
mulation qui s'éleva pour lors en Égypte,
durait encore au temps de l'invasion des
Sarrazins, l'an 634 de notre ère, quoique les
sciences y eussent beaucoup déchu, même
dès le temps de Strabon, qui écrivait sous
le règne d'Auguste.

Aristarque de Samos, qui vivait environ 264 ans avant l'ère vulgaire, enseigna le mouvement de la terre autour du Soleil, dont Philolaüs avait déjà parlé avant lui ; il imagina une méthode ingénieuse pour trouver la distance du Soleil à la Terre, en supposant connue celle de la Lune, qui est en effet la plus aisée à connaître.

Ératosthènes, né à Cyrène 276 ans avant l'ère vulgaire, fut appelé d'Athènes à Alexandrie par Ptolémée Évergète; il fut mis à la tête de la bibliothèque royale d'Alexandrie ; il fit élever dans le portique une armille de bronze, ou un grand cercle en forme d'anneau, incliné comme l'équateur céleste, pour observer le temps où le Soleil se trouvait dans l'équinoxe ; et Hipparque s'en servit dans le siècle suivant, pour faire des observations qui sont encore précieuses aujourd'hui. Eratosthènes fut aussi le premier qui fit des observations pour mesurer la grandeur de la Terre.

Hipparque parut enfin à Alexandrie vers l'an 160 avant notre ère. Il fut le plus intel-

ligent et le plus laborieux astronome dont
on nous ait conservé la mémoire, et la véritable astronomie ne commence qu'à lui. Il
rassembla les anciennes observations ; il observait lui-même : il reconnut que les planètes n'avaient pas des mouvemens uni-
formes, et il détermina même les inégalités,
du moins pour le Soleil et pour la Lune ; il
trouva la vraie longueur de l'année, il rectifia
la mesure de la Terre donnée par Eratosthènes.

Il observa une nouvelle étoile qui parut de
son temps; et, persuadé que ces phénomènes
pouvaient arriver plus souvent, et que les
étoiles réputées fixes pouvaient avoir un
mouvement, il osa, suivant l'expression
de Pline, « par une entreprise digne des
» Dieux, donner à la postérité le dénombre-
» ment du ciel, et en déterminer toutes les
» parties, avec des instrumens de son in-
» vention, au moyen desquels il marqua les
» lieux et les grandeurs des étoiles. Par-là
» il donnait les moyens de discerner à l'a-
» venir si les étoiles pouvaient se perdre et
» reparaître, si elles changeaient de situa-

» lion, de grandeur et de lumière. C'est
» ainsi qu'il laissa le ciel en héritage à ceux
» qui se trouveraient dignes d'en profiter. »

Ce catalogue d'Hipparque contient 1022
étoiles, avec leur position pour l'année 128
avant l'ère vulgaire. Ce grand ouvrage nous
a été heureusement conservé dans le livre de
Ptolémée.

Hipparque, en comparant ses observations de l'épi de la Vierge avec celles que
Timocharis avait faites un siècle auparavant,
aperçut le premier que les étoiles changeaient de position et paraissaient avancer
lentement d'occident en orient par rapport
aux points équinoxiaux. C'est ce que l'on
appelle précession des équinoxes, en vertu
de laquelle les signes du zodiaque, ou les
points de la révolution annuelle du Soleil,
font tout le tour du ciel et des constellations
dans l'espace de 25000 ans.

Depuis les observations et les théories
d'Hipparque, on ne trouve rien pour le
progrès de l'astronomie, si ce n'est celles
de Ptolémée, astronome d'Alexandrie, qui

vivait entre les années 125 et 141 de l'ère vulgaire. Son *Almageste* est le seul livre important qui nous soit resté de l'astronomie ancienne. Quoique son système et ses observations soient peu estimés, les astronomes sont obligés de recourir à son ouvrage; et si les théories qu'il renferme pour les mouvemens des planètes sont de lui, cet auteur rendit de grands services à l'astronomie.

Cette science fut presque totalement négligée dans les siècles suivans; on se bornait à traduire et à commenter le livre de Ptolémée; l'on ne trouve que quelques observations des Arabes, faites sous le calife Almamon, qui régnait à Bagdad en 814; quelques-uns d'Albateguius, prince arabe qui vivait sur la fin du même siècle, et d'Ulug-Beg, petit-fils du grand Tamerlan, qui, vers l'an 1437, régnait dans la Bactriane; ce prince nous a laissé un catalogue d'étoiles qui est encore une chose précieuse.

Mais l'astronomie ne fit aucun progrès remarquable jusqu'au temps de Copernic, né dans la Prusse royale en 1472. Dès l'an 1507, il commença à méditer sur l'imperfection et la complication des hypothèses que l'on admettait alors pour expliquer les mouvemens planétaires, et il aperçut qu'on pouvait les simplifier beaucoup en faisant tourner la Terre autour du Soleil ; mais craignant d'annoncer des choses trop extraordinaires, sans en avoir des preuves démonstratives, il voulut examiner chaque planète en particulier, et en déterminer les mouvemens, de manière à construire des tables plus exactes que les tables de Ptolémée ; il reconnut alors d'une manière incontestable que toutes les inégalités s'expliquaient parfaitement dans son nouveau système ; il termina en 1530 son fameux ouvrage *De revolutionibus Orbium Cœlestium* ; mais il fut long-temps avant que d'oser le publier, et le livre ne parut même que le 24 mai 1543, c'est-à-dire le jour même de la mort de Copernic.

L'on dut à cet auteur et des idées lumineuses et un travail pénible, qui changèrent

la face de l'astronomie ; et qui préparèrent
de nouveaux progrès. Tycho-Brahé, le plus
grand observateur qu'il y ait eu, fut le premier qui, par l'exactitude et le grand nombre de ses observations, donna lieu au re-
nouvellement de l'astronomie : toutes les
théories, les tables et les découvertes de
Zépler furent fondées sur ses observations,
et leurs noms, à la suite d'Hipparque et de
Copernic, doivent aller à l'immortalité,
Tycho naquit le 13 décembre 1546, dans la
province de Scanie en Danemarck, d'une
famille illustre qui subsiste encore dans la
Suède sous le nom de Brahé, et qui tient à
celle de Lowendal. Tycho alla étudier à Copenhague ; il fut étonné, en voyant l'éclipse
de Soleil du 21 août 1560 arriver suivant la
prédiction des astronomes, et dès ce moment il conçut un désir ardent de pouvoir
faire à son tour de semblables prédictions.

Frédéric I.er, roi de Danemarck, lui donna
l'île d'Huenne, située dans la mer Baltique,
vis-à-vis de Copenhague, où depuis 1582
jusqu'en 1597, il fit une multitude immense
d'observations,

Il détermina les positions des étoiles ; il observa les réfractions, les inégalités du Soleil ; il découvrit deux nouvelles inégalités dans la Lune, et fournit à Képler de quoi découvrir les lois du mouvement des planètes, et faire des tables toutes nouvelles.

Képler acquit encore plus de gloire que Tycho par les conséquences admirables qu'il tira de ses observations. Il naquit en 1571 dans le duché de Wirtemberg. C'est lui qui découvrit les lois des mouvemens célestes. Il fit de nouvelles tables des mouvemens de toutes les planètes, et ces tables ont servi, depuis 1626 jusqu'à la fin du dix-septième siècle, à tous les astronomes.

Lorsqu'on eut découvert les lunettes d'approche en 1609, Galilée s'en servit à Florence pour observer toutes les planètes, et ce fut une source de découvertes toutes nouvelles : il vit qu'il y avait des montagnes dans la Lune, des taches dans le Soleil, un anneau autour de Saturne ; que Vénus était souvent en croissant comme la Lune ; enfin que Jupiter était accompagné et environné de quatre petites planètes qu'on appelle les satellites de Jupiter.

Hévélius , magistrat de Dantzick , né en 1611 , fit un nombre immense d'observations depuis 1641 jusqu'en 1685 ; il dressa un nouveau catalogue d'étoiles , et ses ouvrages sont encore précieux pour ceux qui font des recherches en astronomie ; le volume de ses observations est si rare qu'on ne peut plus le trouver, si ce n'est dans quelques grandes bibliothèques , parce que l'édition entière fut consumée dans un incendie allumé par la scélératesse d'un domestique.

L'académie des sciences de Paris , établie en 1666 , forme une des époques les plus mémorables dans l'histoire de l'astronomie comme dans celle des autres sciences qu'elle embrasse : le goût des assemblées littéraires avait commencé en France long-temps auparavant et avait été le germe des lettres , des sciences et de la philosophie. Bacon , qui mourut en 1626, en parle avec enthousiasme ; il y avait en 1638 des assemblées de ʾavans formées par le père Mersenne ; mais le grand Colbert choisit et rassembla les savans dans tous les genres, et en forma cette fameuse académie, qui s'assembla pour la première fois le 22 décembre 1666. Toutes les parties de l'astronomie ont été perfectionnées dans le sein de cette compagnie. Parmi les découvertes essentielles qui y ont été faites, nous devons compter ici les satellites de Saturne, la propagation de la lumière, la grandeur et la figure de la Terre, l'application du pendule aux horloges, celle des lunettes aux quarts de cercle, faite en 1668, et celle des micromètres aux lunettes, les principaux points de l'astronomie y furent tous discutés, et établis ; je veux dire la théorie du Soleil et de la Lune, leurs inégalités, leurs diamètres, leurs parallaxes, les réfractions, l'obliquité de l'écliptique ; les inégalités des satellites de Jupiter.

Huygens, Picard, le célèbre Cassini, appelé à Paris en 1669, et Lahire, y eurent la principale part.

La société royale de Londres, établie ver

le même temps, eut un observateur célèbre, Jean Flamsteed ; nous lui devons le plus grand catalogue d'étoiles qui eût jamais été fait, et qui parut en 1712. Halley, qui lui succéda, est celui à qui l'on doit, entre autres choses, la première prédiction du retour d'une comète, que nous avons vu se vérifier cinquante quatre ans après, c'est-à-dire en 1759.

Mais toutes les découvertes astronomiques sont, pour ainsi dire, éclipsées par celle de Newton ; il découvrit et publia en 1687 la loi fondamentale de l'univers, c'est-à-dire, la loi de l'attraction universelle, qui a fourni l'explication de tous les phénomènes de la nature, des mouvemens planétaires, des inégalités de la Lune, de l'aplatissement de la Terre, du retour des comètes, du flux et du reflux de la mer ; la cause même de la précession des équinoxes, qui était un des phénomènes les plus cachés et les plus difficiles à comprendre.

Newton n'a jamais été mieux célébré que dans ces beaux vers du premier poëte de

notre temps, que l'on verra dans ce poëme
que le public attend avec tant d'impatience;
il y peint Newton et Voltaire comme deux
prodiges qui n'appartiennent pas moins
l'un que l'autre à l'imagination.

Non , elle a fait Newton comme elle a fait Voltaire
Pénétrez de Newton l'auguste sanctuaire ;
Loin d'un monde frivole et de son vain fracas ,
De tous les vils pensers qui rampent ici-bas ,
Dans cette vaste mer de feux étincelante.
Devant qui notre esprit recule d'épouvante ,
Newton plonge , il poursuit , il atteint les grands corps
Qui , jusqu'à lui , sans lois , sans règles , sans accords,
Roulaient désordonnés sous les voûtes profondes.
Dé ces brillans chaos Newton a fait des mondes.
Atlas de tous ces cieux qui reposent sur lui. .
Il les fait l'un de l'autre et la règle et l'appui :
Il fixe leurs grandeurs , leurs masses , leurs distances
C'est en vain qu'égarée en ces déserts immenses
La comète espérait échapper à ses yeux ;
Fixes ou vagabonds ; il poursuit tous ces feux
Qui , suivant de leur cours l'incroyable vitesse
Sans cesse s'attirant, se repoussant sans cesse,
Et par deux mouvemens , mais par la même loi,
Roulent tous l'un sur l'autre et chacun d'eux sur soi
O pouvoir du génie et d'une âme divine !

Ce que Dieu seul a fait, Newton seul l'imagine ;
Et chaque astre répète en proclamant leur nom :
Gloire au Dieu qui créa les mondes et Newton !

DELILLE, *Poëme de l'Imagination.*

Depuis Newton l'on a perfectionné toutes les parties de l'astronomie ; on a déterminé justement la figure de la Terre, les inégalités de la Lune, des planètes et des satellites de Jupiter ; les petits mouvemens des étoiles ; le retour de la comète de 1759 ; les véritables distances des planètes au Soleil et à la Terre : enfin on a découvert quatre nouvelles planètes dont on n'avait pas même soupçonné l'existence. Tous ces objets seront expliqués dans le petit volume que nous offrons à la curiosité des Dames. Puisse-t-il engager quelques-unes d'entre elles à passer ensuite à un ouvrage un peu plus étendu, pour mieux connaître et admirer le grand spectacle de l'Univers !

# EXPLICATION PRÉLIMINAIRE.

## *De la mesure des angles.*

Toute l'astronomie est fondée sur la mesure des angles : ainsi, pour bien comprendre ce que nous dirons, il faut se faire une idée de la manière dont on mesure les angles ou les degrés.

On décrit un cercle, comme dans la figure 1 ; on en partage tout le tour en parties égales; nous n'en avons représenté que huit, pour ne pas rendre la figure confuse , et chacune vaut 45 degrés , puisqu'on est convenu de diviser le cercle en 360 degrés.

L'arc de 45 degrés indique l'inclinaison des deux lignes ou des deux rayons qui le comprennent , et cette inclinaison ou cet angle s'appelle aussi 45 degrés. Si ces deux rayons se dirigent vers deux étoiles , on dit également qu'elles sont éloignées de 45 degrés.

C'est avec un cercle ainsi divisé qu'on mesure les degrés et les arcs dans le ciel;

toute l'astronomie commence par-là; l'exactitude même des observations est fondée sur celle des divisions des cercles ou des instrumens qu'on y emploie. On pousse ces divisions jusqu'à la 3600e partie d'un degré, sur un cercle qui a sept ou huit pieds de diamètre; ensorte qu'on mesure les minutes et les secondes dans le ciel avec un cercle de huit pieds, quoique les cercles célestes aient des millions de lieues; mais les secondes dans le ciel étant vues de fort loin, ne font pas plus d'effet pour nous que celles de nos instrumens que nous voyons de fort près.

Si l'on continuait de diviser le cercle de la figure 1 jusqu'à 36o, on y verrait tous les degrés; mais il faudrait qu'il eût environ quatre pouces de diamètre pour que ces degrés fussent sensibles. On verrait alors qu'un degré a de longueur la 57e partie du rayon ou de la distance au centre. Cette remarque est importante; nous la rappellerons quand il s'agira d'expliquer comment on trouve les distances des astres ainsi que leurs grandeurs.

On voit seulement dans la figure un arc de 3 degrés qui est dix-neuf fois plus petit que le rayon du cercle, ou trente-huit fois moindre que le diamètre entier. Cela suffira pour reconnaître que l'arc d'un degré, si l'on avait pu le marquer, serait la 57<sup>e</sup> partie du rayon ou du demi diamètre du cercle.

# ASTRONOMIE.

## CHAPITRE PREMIER.

### Du mouvement général qui paraît avoir lieu chaque jour dans le Ciel.

Pour prendre une idée du ciel dans une belle nuit, il faut considérer d'abord le mouvement diurne ou le mouvement commun de tout le ciel, qui se fait chaque jour autour des deux pôles ou de l'axe du monde, et qui est représenté par les sphères armillaires qui sont entre les mains de tous les gens instruits.

Les paysans connaissent le Charriot, que nous appelons la *grande Ourse* : constellation composée de sept étoiles ( fig. 2 ) qui se voyent toujours du côté du nord ; mais tantôt plus haut, tantôt plus bas, suivant les temps de l'année où l'on observe. Au mois d'avril, vers les neuf heures du soir, nous la voyons sur notre tête, ou à notre zénith ; au mois d'octobre, elle est au contraire fort basse, ou près de l'horizon : cela suffit pour indiquer qu'elle tourne. On veut ensuite savoir autour de quel point elle tourne : c'est celui qui est dans le milieu de son cours ou de son cercle ; et c'est à-peu-près à la moitié de la hauteur qu'il y a depuis l'horizon jusqu'au zénith, c'est-à-dire depuis le cercle qui nous environne et borne notre vue à la hauteur de l'œil jusqu'au sommet du ciel, ou au point le plus élevé sur notre tête. C'est au moyen de cette circulation ou révolution que nous voyons la grande Ourse s'élever et s'abaisser ensuite. Si l'on y regarde plusieurs fois dans une nuit ; on la verra monter et descendre sensiblement, comme l'on voit le Soleil monter le matin et descendre le soir : par-là on peut reconnaître que les étoiles, aussi bien que le Soleil, tournent et paraissent tourner autour de nous chaque jour.

Le point du ciel autour duquel se fait ce mouvement est pour ainsi dire marqué par l'étoile polaire. On peut s'en apercevoir en cherchant du côté du nord quelle est l'étoile qui ne change pas sensiblement de place dans l'espace d'une nuit, car l'étoile polaire est la seule dans ce cas-là. Mais comme il faudrait en essayer plusieurs, et les suivre chacune pendant plusieurs heures pour reconnaître celle qui ne varie pas, il vaut mieux se servir de la grande Ourse pour connaître l'étoile polaire; or, les deux étoiles *a* et *b* les plus éloignées de la queue conduisent par un alignement direct à-peu-près vers l'étoile polaire, en suivant cet alignement à droite en été, à gauche en hiver, en haut en automne, et en bas au printemps.

Quand on a reconnu l'étoile polaire, qui est comme le centre du mouvement général; (1) et l'essieu ou le moyeu de la grande roue céleste, on peut concevoir la manière dont les différentes étoiles tournent autour de celle-là; les étoiles qui en sont très-près décrivent de petits cercles, celles qui sont plus éloignées en décrivent de plus grands,

(1) Nous prenons ici l'étoile polaire pour le pôle même, parce qu'elle n'en diffère que de 2 degrés, ce qui n'est pas sensible dans des observations faites à la vue simple.

et quand ces cercles deviennent assez grands
pour atteindre l'horizon, les étoiles se couchent; jusques-là elles paraissent toute la
nuit.

Le Soleil se lève et se couche tous le
jours, parce qu'il est très-loin de l'étoile
polaire ou du pôle, et que son cercle journa-
lier étant toujours très-grand il ne peut te-
nir dans l'espace qu'il y a depuis le pôle jusqu'à l'horizon; il en est de même de la Lune
et des autres planètes.

Le ciel est fait comme une boule ou un
globe; or, il est impossible qu'une boule
tourne sans qu'il y ait deux pôles ou deux
points autour desquels se fasse le mouvement : c'est ce qu'on verra facilement en
faisant tourner une boule quelconque ou un
globe artificiel.

Des deux pôles du ciel, nous en voyons
un, et on l'appelle pôle boréal, septentrional ou arctique. Il y en a un autre à l'opposite, et que nous ne voyons pas, qui est
abaissé vers le midi autant que l'autre est
élevé vers le nord; on l'appelle pôle méridional, austral ou antarctique.

Entre ces deux pôles, et dans le milieu de leur intervalle, ou peut imaginer un cercle ou une roue ; c'est l'équateur, qui est représenté dans une sphère, également éloigné dans tout son pourtour de chacun des deux pôles, et divisant le monde en deux hémisphères égaux, dont l'un est septentrional : c'est celui dans lequel nous habitons ; l'autre méridional, où se trouve une partie de l'Afrique et de l'Amérique.

L'équateur sert dans l'astronomie de terme de comparaison pour les hauteurs des astres : ainsi le Soleil en été et à midi est plus élevé que l'équateur de 23 degrés et demi ; en hiver il est plus bas d'autant : nous disons que le Soleil décline de 23 degrés, ou qu'il a 23 degrés de déclinaison boréale en été, de déclinaison méridionale en hiver.

Le MÉRIDIEN est le cercle qui du côté du midi monte directement jusqu'au-dessus de notre tête, qui, passant par le pôle, fait tout le tour du ciel, et partage le jour et l'apparition des astres par le milieu.

Le pôle est élevé pour nous du côté du

nord, et l'équateur du côté du midi; la
quantité de cette élévation est le premier
objet d'observation, et nous ne pouvons
guère nous dispenser de l'indiquer ici. En
voyant les étoiles tourner journellement autour du pôle, il était naturel de voir combien elles s'élevaient et combien elles s'abais-
saient; c'est ce qu'on a fait il y a plus de
deux mille ans. Le milieu entre la plus
grande hauteur et le plus grand abaissement
indique la place du pôle; à Paris il est à 49
degrés de hauteur ( 1 ), en sorte que nous
sommes à 49 degrés de l'équateur; cette distance est ce qu'on appelle *latitude* d'un lieu
de la Terre : plus on avance vers le nord,
plus on augmente en latitude, et l'on en
juge toujours par la hauteur du Soleil et par
celle du pôle.

_____

(1) Puisqu'il y a 360 degrés dans le tour entier d'un cercle céleste ou terrestre, il y en a donc
... depuis l'horison, qui borne notre vue, de ni-
... à la terre, jusqu'au sommet du ciel sur notre
... ou au zénith; ainsi, à la moitié de cet inter-
..., il y a 45 degrés; cela ne s'éloigne pas beaucoup
... ... , qui est à 49.

Dès qu'on a compris les latitudes des lieux de la terre, il faut avoir une idée des longitudes ; elles sont d'ailleurs indiquées par le mouvement diurne du Soleil. Puisqu'il fait le tour de la terre en vingt-quatre heures, il donne le midi successivement à tous les pays qui sont d'orient en occident à la suite les uns des autres.

Quand on avance du côté de l'orient ou de l'occident, on ne change point de latitude mais on change de longitude. Quand on est à 15 degrés de Paris vers l'orient, par exemple à Vienne en Autriche, on a fait 15 degrés de longitude, et on a le midi une heure plutôt, parce qu'allant au-devant du Soleil, on doit le rencontrer de meilleure heure. En continuant d'avancer ainsi vers l'orient, de 15 en 15 degrés, l'observateur gagnerait une heure à chaque fois : et s'il faisait le tour entier de la terre, il se trouverait, en arrivant à Paris, avoir gagné vingt-quatre heures, et compterait un jour de plus que nous ; il serait au lundi tandis que nous serions encore au dimanche : il

aurait vu en effet le Soleil se lever une fois
de plus que nous ; et il aurait eu un midi
de plus dans le même intervalle réel de
temps ; ses journées d'un midi à l'autre au-
raient été toutes plus courtes que les nôtres ;
il y en aurait donc eu un plus grand nombre,
c'est-à-dire une de plus.

Un autre observateur qui s'avancerait du
côté de l'occident , retarderait de la même
quantité, et revenant à Paris après le tour
du monde , il ne compterait que samedi
lorsque nous serions au dimanche : on éprou-
verait cette singularité dans la manière de
compter , toutes les fois qu'on voit arriver
un vaisseau qui a fait le tour du monde , si
l'équipage avait compté les jours dans le
même ordre , sans se réformer sur les pays
où il aurait passé.

Par la même raison , les habitans des îles
de la mer du sud , qui sont éloignés de douze
heures de notre méridien , doivent voir les
voyageurs qui viennent des Indes et ceux
qui leur viennent de l'Amérique compter
différemment les jours de la semaine , les

premiers ayant un jour de plus que les autres ; car supposant qu'il est dimanche à midi pour Paris, ceux qui sont dans les Iudes disent qu'il y a six ou sept heures que dimanche est commencé, et ceux qui sont en Amérique disent qu'il s'en faut au contraire plusieurs heures. Cela parut très-singulier à nos anciens voyageurs, qu'on accusa d'abord de s'être trompés dans leur calcul et d'avoir perdu le fil de leurs almanachs. Dampierre, étant allé à Mendanao par l'ouest, trouva qu'on y comptait un jour de plus que lui. Varenius dit même qu'à Macao, ville maritime de la Chine, les Portugais comptent habituellement un jour de plus que les Espagnols ne comptent aux Philippines, quoique peu éloignées ; les premiers sont au dimanche tandis que les seconds ne comptent que samedi ; cela vient de ce que les Portugais établis à Macao, y sont allés par le cap de bonne-Espérance, et les Espagnols en avançant toujours du côté de l'occident, c'est-à-dire, en partant de l'Amérique et traversant la mer du Sud.

Les longitudes, en différens pays de la Terre, se trouvent par le moyen des éclipses : je suppose qu'une éclipse ait été observée à Paris à minuit, et aux Indes à six heures du matin, on est sûr que la différence entre ces deux méridiens est de six heures, ou d'un quart de jour, ce qui fait un quart de cercle entier que le Soleil parcourt en vingt-quatre heures : c'est-à-dire, 90 degrés de longitude par rapport à Paris.

Mais comme les éclipses sont trop rares et que les navigateurs ont besoin de connaître continuellement la longitude du lieu où ils sont, ils n'attendent pas des éclipses, ils examinent la situation de la Lune par rapport aux étoiles dans le moment où la Lune est, par exemple à 40 degrés d'une étoile lorsqu'il est six heures du matin dans le lieu où ils sont ; ils consultent l'almanach calculé d'avance à Londres ou à Paris ; s'ils voient que cette même distance doit avoir lieu à minuit exactement, il s'ensuit tout de même que la longitude est de 90 degrés. la position de la Lune apprend qu'il est minuit à Paris ; on voit d'ailleurs qu'il est six heures sur la vaisseau ; et cette différence de six heures indique la longitude ; ce qu'on appelait le secret des longitudes n'est plus un secret depuis que l'on sait calculer et observer le point où la Lune se trouve. On peut même se passer de la Lune si on a une bonne montre marine qui ne change pas de deux minutes en deux mois de navigation, et qui fasse voir toujours sur le vaisseau l'heure qu'il est à Paris.

Le mouvement diurne se partage en vingt quatre heures ; il est bien facile de se faire pour cela un cadran en plaçant un cercle divisé en vingt-quatre parties égales, incliné du côté du midi comme l'équateur céleste : le style qui sera placé au centre marquera les vingt-quatre heures sur la circonférence.

Pour orienter ce cadran, il suffit de faire en sorte que l'ombre du style soit de la même longueur le matin, le soir et à midi, ce qui peut se faire par un léger tâtonnement. Alors le Soleil étant toute la journée élevé de la même quantité sur le plan du cadran, l'on est sûr que ce plan est l'équateur.

# CHAPITRE II.

## De la grandeur de la Terre.

LES degrés de latitude observés, comme nous l'avons dit, ont servi à reconnaître que la Terre a neuf mille lieues de tour. On croirait d'abord que la chose la plus difficile de l'astronomie est de trouver ainsi la grandeur de la Terre sans en faire le tour ; mais il suffit d'en mesurer vingt-cinq lieues pour être sûr des neuf mille ; pourvu qu'on soit assuré que ces vingt-cinq soient exactement un degré, ou la trois cent soixantième partie du total ; car trois cents soixante fois vingt-cinq font en effet neuf mille.

Il n'est pas difficile de savoir, par exemple, qu'il y a vingt-cinq lieues de Paris à Amiens : on mesura autrefois cette distance en comptant les tours de roues d'une voiture ; on aurait pu le faire avec une chaine d'arpenteur ; on l'a fait de nos jours plus exactement par des opérations de géométrie, dans lesquelles on ne saurait se tromper de trois ou

quatre toises. Toutes les fois que nous allons
à Fontainebleau, nous voyons sur notre
gauche en approchant de Villejuif, et ensuite Juvizy, deux obélisques en pierre près
du chemin, dont la distance, mesurée rigou-
reusement et plusieurs fois avec des toises
bien égales, s'est trouvée de cinq mille sept
cent seize toises; cette distance a servi à trouver, par le moyen des triangles faits sur cette
base, qu'il y en avait cinquante-sept mille de
Paris à Amiens ; ou plus exactement cinquante-sept mille cinquante jusqu'à l'endroit
où se terminait le degré ; il a fallu pour cet
effet convenir d'une toise dont l'original ou
le modèle fût constant, et dont toutes les
copies fussent parfaitement égales : mais s'y
prenant bien, on peut s'assurer à moins
d'un vingtième de ligne dans cette comparaison, et cette petite erreur ne serait que trois
toises de différence sur un degré.

Pour savoir s'il y a un degré juste entre
Paris et Amiens, il suffit d'observer une
étoile qui passe au zénith de Paris, et l'on
peut s'en assurer par le moyen d'une lunette

qui porte un fil à plomb, auquel elle est bien parallèle, et par lequel on est assuré que la lunette est exactement verticale ou perpendiculaire à l'horizon ; on porte ensuite la même lunette à Amiens ; on trouve que l'étoile ne passe plus au milieu de la lunette, et par conséquent au zénith, mais qu'elle est plus basse d'un degré, ou si vous voulez que le fil à plomb s'écarte de la lunette d'un pouce sur cinquante-sept, c'est ce qui répond à un degré, comme chacun peut s'en assurer en décrivant sur une table bien unie un cercle qui aurait cinquante-sept pouces de rayon, et le divisant en 360 parties, chacune desquelles se trouverait avoir un pouce.

Ainsi le fil à plomb s'écartant d'un degré à Amiens, la lunette ou l'étoile qui passerait dans le milieu, serait à un degré du zénith, dont la ligne verticale, la ligne d'aplomb, la ligne du zénith, pour Amiens diffère de celle de Paris d'un degré ; donc la Terre se courbe d'un degré depuis Paris jusqu'à Amiens, donc cet espace est en effet un degré de la Terre, et puisqu'il est de vingt-cinq lieues, il faut nécessairement en conclure que la totalité est de 9000.

Dès qu'on connait la circonférence de la Terre, il est aisé de trouver son diamètre, qui en est environ le tiers, ou plus exactement 2865 lieues ; ainsi nous sommes éloignés du centre de la Terre de 1432 lieues et demie.

Quand on a eu trouvé que le degré de la Terre était de 57050 toises, les astronomes sont convenus d'appeler une lieue de France la vingt-cinquième partie de cette longueur, c'est-à-dire, 2282 toises ; mais, excepté dans les livres de sciences, le nom de lieues est très-équivoque ; celles de Bourgogne sont environ de 3000 toises, celles de Languedoc de 4000, les lieues marines sont la vingtième partie du degré, ou 2880 toises ; enfin les lieues de poste ne sont guères que de 2000 toises. Sur les grandes routes qui aboutissent à Paris, on a placé depuis quelques années des colonnes de mille en mille toises afin que le nom des lieues, qui était trop arbitraire, pût être remplacé par celui des milles sur lequel il ne peut y avoir de confusion. On part de la rue Notre-Dame, et le dixième mille se voit à l'entrée de Versailles, près de la place.

Tout ce que nous venons de dire suppose que la Terre est un globe parfait, et la différence est en effet très-petite. Mais les astronomes n'ont pas laissé que de s'en occuper beaucoup. Dès 1666, on observa que Jupiter était un peu aplati du côté des pôles et c'était une suite de l'effet de la force centrifuge, dont Huygens avait démontré les lois. L'académie s'assura dès 1671, en envoyant Richer à Cayenne, que la pesanteur était moindre vers l'équateur que dans nos pays; ce qui était une nouvelle preuve de cet effet de la force centrifuge, qui devait tendre à aplatir la terre : Newton le prouva aussi dans son fameux livre des *Principes mathématiques de la Philosophie naturelle*; mais, pour s'en assurer, il fallait mesurer les degrés de la Terre en différens pays.

En 1735, l'académie envoya au Pérou, Godin, Bouguer et la Condamine; et en La-

ponie, Maupertuis, le Monnier, Clairaut, etc.
Ceux - ci trouvèrent en effet le degré de
la Terre plus grand de 669 toises que les premiers, cela prouve que la Terre est plus
plate, moins convexe, du côtés de pôles ;
car plus un cercle a de courbure, plus ses
degrés sont petits.

On avait cru pendant quelque temps que
des degrés plus grands annonçaient un alon-
gement, et quelques personnes soutenaient
en effet que la Terre était alongée vers les
pôles ; mais c'était une erreur de géométrie dont on ne tarda pas à revenir.

L'aplatissement total de la Terre est de
1/24 ce qui fait huit lieues et demie que la
Terre a de moins dans le sens de ses pôles ou
de son axe que dans celui de l'équateur.

# CHAPITRE III.

## *Manière de connaître les Constellations.*

Dès qu'on commence à s'intéresser à l'astronomie, on désire connaître les noms des étoiles ; ainsi nous allons expliquer la façon de distinguer les principales ; il est bon pour cela d'avoir un globe céleste; mais l'on peut y parvenir encore sans ce secours.

On distingue tout au plus cinq à six mille étoiles à la vue simple, de manière à pouvoir les compter ; avec nos plus forts télescopes on en pourrait distinguer cent millions : ce n'est rien en comparaison de ce que nous ne pouvons voir, mais le monde est infini. On a divisé les étoiles en cent constellations. Nous avons expliqué déjà celle de la grande Ourse, fig. 2, et nous ajouterons celle d'Orion, fig. 3, la plus belle des constellations qui paraissent le soir en hiver. On y remarque trois étoiles égales et en ligne droite, assez voisines l'une de l'autre, qu'on appelle quelquefois les trois Rois , et le Râteau; mais que les astronomes appellent le Baudrier d'Orion. Elles sont dans le milieu d'un grand carré formé de quatre étoiles , dont deux sont de la première grandeur ( il y a quinze étoiles plus brillantes qu'on appelle de la première grandeur, les deux qui sont dans Orion, sont le *Pié* qui est à notre droite, et l'*Épaule* qui est à notre gauche.)

Lorsqu'au mois de janvier ou de février , on voit cette constellation d'Orion , le soir, du côté du midi, la direction des trois étoiles du Baudrier marque d'un côté *Sirius* , ou le grand chien , la plus belle étoile du ciel , et à droite, mais plus haut , les Pléiades, qui font un groupe de petites étoiles près desquelles est l'œil du Taureau ou *Aldebaran* , étoile de la première grandeur.

Une diagonale tirée par ce pié d'Orion , qui est le plus à droite , et par celle des trois étoiles du baudrier , qui est le plus à gauche, va se diriger vers deux étoiles de la seconde grandeur , qui sont les deux têtes des Gémeaux , Castor et Pollux.

Les deux étoiles les plus boréales du carré de la grande Ourse forment une ligne qui va vers la *Chèvre*, étoile de la première grandeur, située dans la constellation du Cocher.

*Procyon*, ou le petit Chien, fait un triangle dont les côtés sont à-peu-près égaux avec Sirius et le Baudrier d'Orion.

Les constellations d'été peuvent se connaître par le moyen de la grande Ourse. La ligne tirée par les deux étoiles précédentes du carré $a$ et $b$, qui nous ont servi à reconnaître l'étoile polaire, va se diriger vers le Lion, où il y a une étoile de la première grandeur, appelée *Regulus*, ou le cœur du Lion.

La grande Ourse indique par sa queue la belle étoile du Bouvier, ou *Arcturus*.

A gauche du Lion, on voit l'*Epi* de la Vierge, qui est indiqué aussi par la diagonale du carré de la grande Ourse.

La *Lyre* est une étoile de la première grandeur, l'une des plus brillantes de tout le ciel, qui fait presque un triangle rectangle avec Arcturus et l'étoile polaire, l'angle droit étant vers l'orient à la Lyre.

L'Aigle, qui est un peu au midi de la Lyre, est remarquable par trois étoiles en ligne droite, la belle au milieu.

La constellation de Pégase est formée par quatre étoiles de seconde grandeur, désignées par la ligne qui va des deux précédentes de la grande Ourse *a* et *b* par l'étoile polaire, et qui au-delà va passer sur le milieu du carré de Pégase.

Cassiopée est aussi une constellation opposée à la grande Ourse, et qui ne se couche jamais : elle est formée de six à sept étoiles assez remarquables qui forment une espèce d'Y, ou de chaise renversée.

Entre Cassiopée et la Chèvre, il y a la constellation de Persée, dans laquelle se trouve une étoile singulière appelée *Algol*, qui tous les trois jours diminue sensiblement de lumière ; probablement il y a une partie de son globe moins lumineuse que le reste.

Le Cygne est une constellation fort remarquable, en forme de croix, où il y a une

étoile de seconde grandeur ; la ligne menée
des Gémeaux à l'étoile polaire va rencontrer
le Cygne de l'autre côté , et à pareille distance de l'étoile polaire. Il y a des temps de
l'année où on les voit en même temps sur
l'horizon. La queue du Cygne est la plus
belle étoile de cette constellation ; elle est
un peu à l'orient de la Lyre.

En suivant la ligne qui va du cœur du Lion
sur l'épi de la Vierge , on rencontre au-delà
le Scorpion : c'est à-peu-près la direction de
l'écliptique ; il y a une étoile de la première
grandeur, appelée *Antarès* ou le cœur de
Scorpion.

*Faumathaut*, ou la bouche du Poisson
austral , est encore une étoile de la première
grandeur , mais qui est toujours fort basse
à Paris ; elle ne s'élève que de dix degrés ,
elle passe au méridien à huit heures au commencement de novembre.

Le cœur de l'Hydre est une étoile de seconde grandeur , que l'on rencontre en tirant
une ligne depuis les dernières étoiles du
carré de la grande Ourse γ et ο par le cœur

du Lion. La constellation de l'Hydre s'étend depuis le petit Chien jusqu'au-dessous de l'épi de la Vierge.

La Couronne est une petite constellation que l'on voit surtout en été, au bout de la queue de la grande Ourse, en allant vers le Scorpion; le reste de cet espace est rempli par la constellation du serpentaire ou Ophiucus, dont les étoiles sont peu remarquables. Il nous suffit d'avoir indiqué ici les étoiles de la première grandeur et quelques-unes de la seconde.

On a vu qu'il y avait quinze étoiles de la première grandeur; mais il y a cinq planètes que l'on peut prendre pour des étoiles, et qu'il faut savoir distinguer : Mercure, Vénus, Mars, Jupiter et Saturne.

Elles sont aussi belles, et même plus que les étoiles de la première grandeur; mais elles n'ont pas cette scintillation, cette vivacité, cette vibration de lumière qu'on remarque dans les étoiles. Vénus est surtout d'un éclat extraordinaire, quand elle paraît le soir après le coucher du Soleil, comme cela arrive tous les dix-neuf mois; elle fait un spectacle frappant, on la prend pour un nouvel astre, ou pour une comète ; quelquefois même on la distingue en plein jour, et l'étonnement redouble encore. Cela est arrivé au mois de février 1790, et au mois d'avril 1793; on la verrait souvent si l'on y donnait quelque attention, et qu'on sût de quel côté elle est.

Jupiter est aussi très-brillant, sa lumière est plus blanche; celle de Mars est rougeâtre; Saturne est d'une couleur plombée ; c'est la moins éclatante des planètes, à cause de son grand éloignement. Nous expliquerons bientôt la manière de connaître leur situation.

Jusqu'à l'année 1781, l'on ne connaissait que ces cinq planètes. M. Herschel, Allemand, établi en Angleterre, s'étant amusé à faire des télescopes, et les essayant dans le ciel, aperçut par hasard que dans un grand nombre de petites étoiles des Gémeaux, il y en avait une qui ne ressemblait pas tout-à-fait aux autres, et qui changeait de place ; elle s'est trouvée être en effet une planète

comme les cinq autres , inconnue jusqu'a-
lors, qui fait son tour en quatre-vingt-trois
ans. Mais à peine peut-on la distinguer à la
vue simple.

On en a trouvé ensuite trois autres , mais
qu'on a de la peine à apercevoir même avec
des lunettes.

On observe des étoiles qui diminuent pé-
riodiquement de lumière ; il y en a une dans
la baleine, une dans le Cygne, une dans Persée : c'est cette dernière qu'on appelle *Algol*, et dont j'ai parlé plus haut page 53.

Il est vraisemblable que ces étoiles ne sont
pas lumineuses dans toute leur circonférence
et qu'elles ont un mouvement sur leur axe ,
par lequel nous voyons tantôt la partie lumineuse , tantôt la partie obscure.

Il y a même des étoiles qui acquièrent de
la lumière comme par un embrasement su-
bit , et qui la perdent ensuite en s'éteignant;
telle fut la belle étoile de Cassiopée, en
1572, qui parut pendant seize mois , qui
diminua de lumière sans changer de place ;
et qu'on n'a jamais aperçue depuis. Telle

fut aussi celle de 1604, au pied du Serpentaire.

Quelles étonnantes révolutions ne faut-il
pas supposer dans ces globes immenses,
pour expliquer de semblables apparitions ?

La voie lactée est une bande, une zône,
une trace blanchâtre, qui fait le tour du ciel
et qu'on appelle vulgairement le chemin de
Saint-Jacques. Cette blancheur paraît être
formée par une infinité de petites étoiles
qu'on ne distingue pas à la vue simple, ni
même dans des lunettes ordinaires ; mais les
grands télescopes font voir réellement des
étoiles dans la voie lactée plus que partout
ailleurs. Cette blancheur traverse l'écliptique vers les deux solstices, et s'en écarte
ensuite d'environ 60 degrés au nord et au
midi.

Les Nébuleuses sont des parties blanches,
comme la voie lactée, irrégulières, visibles
dans des lunettes, et qu'on attribuait à une
matière lumineuse éparse dans l'immensité
du ciel. On en connaissait environ une cen-
taine : mais M. Herschel, ayant fait des té-

lescopes extraordinaires , a trouvé que la plupart de ces Nébuleuses étaient véritablement des amas de petites étoiles : cependant il a découvert lui-même plus de mille Nébuleuses dans lesquelles il ne voit pas d'étoiles; mais peut-être en apercevrait-il avec des télescopes encore plus forts. Il a compté environ 5000 étoiles dans un espace de 1° degrés de long sur 2 degrés de large ; s'il y en avait autant dans toutes les parties du ciel, cela ferait en tout 75 millions visibles dans ces télescopes-là.

Le peuple prend quelquefois pour de véritables étoiles des feux volans qui s'allument dans l'atmosphère , et qui filent dans une belle nuit ; on les appelle même *étoiles tombantes*. Mais ces météores ne sont pas plus des étoiles que celles de l'Opéra ; et lorsqu'on voyage le soir, on peut aussi prendre pour une étoile une lumière que l'on verra dans une maison éloignée; rien n'y ressemble davantage ; et j'y ai été trompé moi-même quelquefois.

~~~~~~~~~~~~~~~~~~~~~~~~~~~~~~~~~~~~~~~~~~~~~

# CHAPITRE IV.

## Du mouvement apparent du Soleil.

LE mouvement diurne fut le plus facile à remarquer, parce qu'il recommence tous les jours, et qu'il est commun à tous les astres : toutes les étoiles se lèvent et se couchent, ou du moins tournent autour du pôle sans changer de situation ni de figure, les unes par rapport aux autres. Mais les heures de leur lever et de leur coucher sont différentes suivant les saisons, et cette remarque nous conduit à reconnaître le mouvement que le Soleil paraît avoir chaque année au travers des étoiles fixes.

Si l'on remarque le soir, du côté de l'occident, quelque étoile fixe après le coucher du Soleil, et qu'on la considère attentivement plusieurs jours de suite à la même heure, on la verra de jour en jour plus près du Soleil, en sorte qu'elle disparaîtra à la fin et sera effacée par les rayons et la lumière du

Soleil, dont elle était assez loin quelques jours auparavant (1). Il sera aisé en même temps de reconnaître que c'est le Soleil qui s'est approché de l'étoile; en effet, voyant que toutes les étoiles se lèvent et se couchent tous les jours aux mêmes points de l'horizon, vis-à-vis des mêmes objets terrestres, qu'elles sont toujours aux mêmes distances, tandis que le Soleil, change continuellement les points de son lever et de son coucher et sa distance aux étoiles; voyant d'ailleurs chaque étoile se lever tous les jours environ quatre minutes plutôt que le jour précédent relativement au Soleil, on ne doutera pas que le Soleil seul n'ait changé de place par rapport à l'étoile, et ne se soit approché d'elle. Cette observation peut se faire en tout temps; mais il faut prendre garde à ne pas confondre une étoile fixe avec une planète. Nous apprendrons bientôt à les distinguer; d'ailleurs nous avons indiqué la manière de reconnaître les étoiles de la première grandeur; il n'y en a que

(1) Cette disparition est ce qu'on nomme le coucher héliaque d'une étoile.

quatre qui puissent se rencontrer dans le voisinage du Soleil ; ainsi , quand on les connaît, on ne peut point les confondre avec les planètes , quoiqu'elles se ressemblent à-peu-près.

Le premier phénomène que présente le mouvement propre du Soleil est donc celui - ci, le Soleil se rapproche de jour en jour des étoiles qui sont plus orientales que lui, c'est - à - dire qu'il s'avance chaque jour vers l'orient. Le mouvement propre du Soleil se fait donc d'occident en orient ; tous les jours il est d'environ un degré , et au bout de 365 jours on revoit l'étoile vers le couchant , à la même heure et au même endroit où elle paraissait l'année précédente à pareil jour ; c'est-à dire que le Soleil est venu se replacer au même point par rapport à l'étoile ; il aura donc fait une révolution; c'est ce que l'on nomme le *Mouvement annuel* , ou la révolution du Soleil , le long de l'écliptique , tout autour du ciel.

Le peuple s'aperçoit de ce mouvement annuel seulement par l'élévation du Soleil et par la longueur des jours; mais en l'examinant de la manière que nous venons d'indiquer, on s'aperçoit qu'il ne monte en été que parce qu'il décrit un cercle qui est situé de travers ou obliquement par rapport à nous, et dont une partie est beaucoup plus près de notre tête que l'autre; nous avons l'été quand le Soleil est dans cette partie de son cercle, voisine de nous, ou septentrionale, parce qu'alors il est plus élevé sur notre horizon, et il y demeure plus long-temps chaque jour. Il faut jeter les yeux sur une sphère ou sur un globe céleste; on y verra l'écliptique incliné sur l'équateur de 23 degrés et demi, et l'on verra que le Soleil, dans le solstice d'été, aura 23 degrés de plus en hauteur. Au contraire, le 21 décembre, au solstice d'hiver, il s'en faudra 23 degrés que le Soleil ne s'élève autant que l'équateur; le Soleil n'arrive alors qu'à 18 degrés, même à midi, et ne reste que 8 heures au lieu de 16 sur notre horizon.

A Paris, le Soleil en hiver se couche à 4 heures 5 minutes. Pendant plusieurs jours de suite, la différence n'est pas sensible; il n'y a le lendemain du solstice qu'une seconde;

le second jour, 6, et le troisième jour, 13 secondes : voilà pourquoi on trouve dans nos almanachs la même minute pendant douze jours de suite.

Le jour où le Soleil a dépassé une étoile, en s'avançant vers l'orient, elle commence à paraître le matin avant le lever du Soleil ; cette première apparition s'appelle le *lever héliaque* de l'étoile. C'est un phénomène auquel les anciens Egyptiens étaient fort attentifs : l'étoile appelée *Sirius* se levait dans le temps où le Nil était prêt à déborder, et les avertissait du danger de l'inondation et des grandes chaleurs. C'est probablement cette indication fidèle et utile qui fit donner à l'étoile le nom de Chien ou Canicule.

On appelle encore jours caniculaires ceux des chaleurs du mois d'août ; mais ce n'est plus la même étoile qui les annonce.

Ce mouvement du Soleil en un an n'est pas parfaitement uniforme ; sa vitesse est plus grande au mois de janvier, elle est moindre en juillet, et la différence accumulée de jour en jour, produit près de 2 degrés dont le Soleil est plus avancé au mois d'avril, et moins en octobre qu'il ne le serait en allant toujours uniformément.

Les anciens supposaient que la Terre n'était pas au centre du cercle que le Soleil décrit, et qu'il ne paraissait se ralentir que quand son mouvement était vu de plus loin ; mais Kepler, et ensuite Newton, ont fait voir que les planètes ne décrivent point des cercles. Leurs orbites sont ovales, et leur vitesse augmente réellement, quand elles sont plus près de nous, par un effet de l'attraction.

Cette inégalité dans le mouvement du Soleil en produit une dans les jours et dans les heures. Quand le Soleil avance le plus vers l'orient, d'un jour à l'autre, il lui faut plus de temps pour revenir au méridien ; ainsi les vingt-quatre heures de temps vrai sont plus longues. D'ailleurs comme le mouvement du Soleil est oblique ou de travers, cela l'augmente encore dans certains temps. Ces deux causes produisent une différence d'une demi-minute par jour le 20 décembre, et une pendule bien régulière, bien égale pendant toute l'année avance alors sur le Soleil, tandis qu'elle retarde d'un tiers de minute par jour trois mois avant , et trois mois après. On appelle *temps moyen* celui qu'une bonne pendule doit marquer ; il n'est d'accord avec le temps vrai marqué par le soleil que quatre fois l'année. Ainsi l'on se tromperait ; si voyant une montre suivre longtemps le Soleil , on concevait l'idée d'une régularité parfaite ; elle doit retarder de plus de seize minutes au comencement de novembre , et c'est ce qu'on appelle l'*équation du temps*.

On la voit pour tous les jours dans le petit *Annuaire* qui se publie chaque année.

*Voici ce qu'une bonne pendule devrait marquer à midi.*

| MOIS. | 1 | 10 | 20 |
|-------|-----|-----|-----|
| Janvier. | 0ʰ 4ʹ | 0ʰ 8ʹ | 0ʰ 11ʹ |
| Février. | 0 14 | 0 15 | 0 14 |
| Mars. | 0 13 | 0 11 | 0 8 |
| Avril. | 0 4 | 0 1 | 11 59 |
| Mai. | 11 57 | 11 56 | 11 56 |
| Juin. | 11 57 | 11 59 | 0 1 |
| Juillet. | 0 3 | 0 5 | 0 6 |
| Août. | 0 6 | 0 5 | 0 3 |
| Septembre. | 0 0 | 11 57 | 11 54 |
| Octobre. | 11 50 | 11 47 | 11 45 |
| Novembre. | 11 44 | 11 44 | 11 46 |
| Décembre. | 11 49 | 11 53 | 11 58 |

Il est difficile de prendre quelque notion du ciel, si l'on ne fait usage du globe céleste, je supposerai donc qu'on en ait un, et je donnerai ici une idée des principaux cercles qu'on y remarque. L'horizon est le cercle qui tient au pied du globe. C'est dans l'horizon qu'entre perpendiculairement le méridien qui porte les pôles ou les pivots de l'axe, et le globe tourne autour de ces pôles.

Entre les deux pôles, et dans le milieu du globe, on voit tout autour l'*équateur* divisé en 360 degrés ; ce cercle est coupé obliquement par l'*écliptique*, divisé en douze signes, chacun de 30 degrés.

Le degré que le Soleil occupe chaque jour est marqué ordinairement sur l'horizon du globe ; mais, en tout cas, il est facile d'y suppléer, qaand on sait le jour où le Soleil entre dans chaque signe, comme on le voit dans la table suivante.

Le Belier ♈ 21 mars. Equinoxe du printemps.

Le Taureau ♉ 20 avril.

Les Gémeaux ♊ 21 mai.

Le Cancer ♋ 22 juin. Solstice d'été.

Le Lion ♌ 23 juillet.

La Vierge ♍ 24 août.

La Balance ♎ 23 septembre. Equinoxe d'automne.

Le Scorpion ♍ 24 octobre

Le Sagittaire ♐ 22 novembre.

Le Capricorne ♑ 22 décembre. Solstice d'hiver.

Le Verseau ♒ 20 janvier.

Les Poissons ♓ 19 février.

Par le moyen du jour où le Soleil est dans le premier degré de chaque signe, il est aisé de savoir à-peu-près le degré où il est à tout autre jour.

Puisque le Soleil s'éloigne de l'équinoxe d'un degré tous les jours, l'équinoxe passe tous les jours quatre minutes plutôt; le tableau suivant indique l'heure de son passage le premier de chaque mois. J'y ajoute la quantité dont les principales étoiles passent plus tard que l'équinoxe.

| Mois. | Passage de l'éq. | | Passage des Étoiles. | | |
|---|---|---|---|---|---|
| JANV. | 5ʰ | 15' | Belier *a* | 1 ʰ | 56' |
| FÉV. | 3 | 2 | Persée. | 3 | 10 |
| MARS. | 1 | 13 | Aldebaran. | 4 | 25 |
| AVR. | 23 | 19 | Rigel. | 5 | 5 |
| MAI. | 21 | 28 | Sirius. | 6 | 37 |
| JUIN. | 19 | 26 | Procyon. | 7 | 29 |
| JUILL. | 17 | 22 | Régulus. | 9 | 58 |
| AOUT. | 15 | 17 | L'Épi. | 13 | 15 |
| SEPT. | 13 | 20 | Arcturus. | 14 | 7 |
| OCT. | 11 | 32 | Antarès. | 16 | 17 |
| NOV. | 9 | 36 | La Lyre. | 18 | 30 |
| DÉC. | 7 | 32 | Queue du Cig. | 20 | 35 |
| | | | Fomalhaut. | 22 | 47 |
| | | | Andromède a | 23 | 50 |

Par exemple, le premier janvier le point équinoxial passe à cinq heures quinze minutes, et la ceinture de Persée le suit toujours, de trois heures dix minutes. Ainsi elle passe à huit heures vingt-cinq minutes ; si, en ajoutant ces deux nombres, on trouve plus de vingt-quatre heures, on ne prend que l'excédant.

Quand on veut connaître l'état du ciel pour un jour et une heure donnée, on place d'abord le pôle à la hauteur convenable ; par exemple, 49 degrés à Paris, on marque sur l'écliptique le lieu du Soleil pour ce jour-là, on l'amène sous le méridien, en tournant le globe, et l'on place sur midi la petite aiguille qui est au pôle, sur le bout de l'axe du globe, et qui marque les vingt-quatre heures sur la rosette ou petit cadran polaire. S'il est huit heures du soir, on tourne le globe vers l'occident, jusqu'à ce que l'aiguille arrive à huit heures ; et le globe se trouve placé de manière à indiquer tous les astres qui sont au-dessus de l'horizon, à l'orient ou à l'occident, au nord ou au midi.

Les signes du zodiaque portent les mêmes

noms que douze constellations, ou assem-
blages d'étoiles ; mais il faut cependant les
distinguer : le Soleil entre dans le Belier le
21 mars, mais alors il est réellement dans
les étoiles des Poissons ; les étoiles du Belier
répondent au signe du Taureau, et tous les
deux mille ans elles avancent d'un signe,
par rapport au point équinoxial, d'où l'on a
continué de compter les douze signes, parce
que le commencement du printemps est re-
gardé toujours comme le commencement du
signe du Belier ; mais les étoiles du même
nom qui s'y trouvaient autrefois, et qui ont
fait nommer ainsi le premier signe, sont plus
avancées actuellement.

L'été est le temps où le Soleil va du solstice à l'équinoxe, entre le 22 juin et le 23
septembre ; et quoiqu'il commence à descendre, la chaleur ne laisse pas d'augmenter ; la plus grande est en général du 13 juillet au 7 août, suivant les observations faites
à Paris : ainsi le milieu de l'été physique et
sensible est vers le 26 juillet, au lieu que le
milieu de l'été astronomique, compté du 22
juin au 23 septembre, est vers le 7 août.

L'été est plus chaud dans notre hémisphère que dans celui du midi , parce que le Soleil est huit jours de plus en deçà de l'équateur qu'au-delà ; aussi trouve-t-on des glaces impénétrables à 70 degrés du côté du pôle austral , tandis qu'on ne les trouve qu'à 80 degrés vers le nord.

Quoique l'hiver soit marqué depuis le 22 décembre jusqu'au 21 de mars , on observe à Paris que le temps le plus froid de l'année est du 25 décembre au 5 février : ainsi le milieu de l'hiver réel est le 15 de janvier , et non pas le 4 de février, comme on le compte astronomiquement ; ainsi les saisons devancent les solstices de deux ou trois semaines.

Les astronomes comptent les longitudes dans le ciel le long de l'écliptique , et partant du point de l'équinoxe , ou de l'intersection de l'écliptique avec l'équateur. Ils jugent que le Soleil est dans l'équinoxe même lorsqu'il est à la hauteur de l'équateur , ou à 41 degrés pour Paris, et ils jugent de la longitude du Soleil dans les autres temps par la quantité dont il est plus haut ou plus bas que l'équateur. On peut voir sur un globe , que quand le Soleil est avancé de 30 degrés sur l'écliptique , il est à 11 degrés et demi de l'équateur. Pour déterminer la longitude des autres astres , on observe combien ils sont plus avancés que le Soleil : ainsi quand une étoile paraît de 30 degrés plus loin que le Soleil , et que le Soleil est à 20 degrés du point de l'équinoxe , on est sûr que l'étoile en est à 50 . ou qu'elle a 50 degrés de longitude. C'est ainsi que les astronomes ont fait des catalogues d'étoiles , où sont marquées des positions de plus de vingt-mille étoiles ; elles servent à trouver celles des planètes , et par conséquent leurs révolutions , leurs mouvemens , leurs inégalités , qui sont le principal objet des recherches des astronomes.

Pour distinguer les planètes , il faut connaitre leur situation par une éphéméride ou almanach astronomique , ainsi que le lieu du Soleil , et les rapporter sur un globe céleste , aux points de l'écliptique où ils répondent ce jour-là ; on met l'aiguille de la rosette sur midi quand le Soleil est dans le méridien ; on conduit le lieu de la planète sur l'horizon du côté de l'orient, et l'on voit sur le cadran l'heure du *lever* de la planète. Si elle se lève de jour, on ne peut pas espérer de la voir de ce côté-là. On fait passer le globe du côté du couchant , et quand la planète est dans l'horizon , l'aiguille marque l'heure du coucher.

Si le lieu d'une planète ne diffère pas de 15 à 20 degrés de celui du Soleil, on ne peut pas la voir facilement à la vue simple. C'est ce qui a lieu toutes les fois que les planètes sont en *conjonction* , ou du même côté du ciel que le Soleil. Pour que cela arrive , il faut à Saturne un an et treize jours, à Jupiter 399 jours, à Mars deux ans et cinquante jours, à Vénus 584 jours ou dix-neuf mois , et à Mercure 116 jours ou près de quatre mois: ce sont là les révolutions synodiques ou les retours des planètes à leurs conjonctions avec le Soleil ; ce sont les seules qui soient remarquables pour nous; chacune au bout du

temps de sa révolution synodique recom-
commence à paraître à la même distance du
Soleil et à la même heure, quoique ce ne
soit pas dans la même saison.

Voilà pourquoi Vénus, qui revient tous
les dix-neuf mois, a ce grand éclat qui fait
qu'on la voit en plein jour à la vue simple.

## CHAPITRE V.

### De la Lune.

APRÈS avoir considéré le mouvement du
Soleil, nous allons parler de celui de la Lune,
qui est encore plus facile à reconnaître, du
moins dans ses principales circonstances.
Tous les mois cet astre change de figure, et
fait le tour du ciel dans un sens contraire à
celui du mouvement général; et tandis que
chaque jour la Lune paraît se lever et se
coucher, comme tous les autres astres, en
allant d'orient en occident, elle retarde chaque jour, et reste de plus en plus en arrière
des étoiles; elle recule vers l'orient d'envi-

ron 13 degrés ( qui font à la vue l'effet d'une aune ). Ce mouvement particulier, par lequel la Lune se retire peu-à-peu vers l'orient, dans le temps même qu'elle va comme les autres astres vers le couchant, s'appelle le mouvement propre , ou mouvement périodique ; et c'est un mouvement réel qui a lieu dans cette planète ; il est si considérable que , dans l'espace de 27 jours et 8 heures, la Lune, qui aurait paru auprès de quelque belle étoile , s'en détache , s'en éloigne vers l'orient , fait le tour du ciel à contre-sens du mouvement diurne ou commun, et elle revient, au bout des 27 jours, se replacer à côté de la même étoile.

Quand la Lune a fait réellement le tour du ciel , et qu'elle est revenue à la même étoile, elle n'est pas pour cela revenue au même endroit que le Soleil , parce que pendant 27 jours le Soleil a avancé lui-même d'environ 29 degrés vers l'orient ; il faut que la Lune les fasse encore pour se retrouver , par rapport au Soleil , de la même manière qu'elle était au commencement du mois , et ce retour au Soleil se fait en 29 jours douze heures 44 minutes.

Le retour des phases ou des différentes figures de la Lune se fait dans le même intervalle, et c'est ce qu'on appelle le mois lunaire.

La Lune paraît pleine quand elle est éclairée en face par rapport à nous, c'est-à-dire que le Soleil est du côté opposé, et que nous sommes entre deux. Si le Soleil est de côté, il éclaire bien la Lune de la même manière ; mais nous ne voyons que la moitié de ce qui est tourné au Soleil, l'autre est obscure ou invisible ; nous ne pouvons voir alors que la moitié de la lumière que le Soleil lui envoie, et la Lune paraît en quartier. Si le Soleil est du même côté que la Lune, étant beaucoup plus éloigné, il éclaire précisément le côté que nous ne voyons pas ; il éclaire le haut, et nous voyons le bas ; ainsi la Lune est invisible pour nous, ce qui arrive pendant quelques jours, aux environs de la *nouvelle Lune*.

Après avoir disparu totalement pendant

trois ou quatre jours, la Lune reparaît le soir
à l'occident, après le coucher du Soleil, sous
la forme d'un croissant dont les pointes sont
toujours tournées vers le haut, ou à l'opposite du Soleil ; cette première apparition était
la *Néoménie* des anciens, que l'on célébrait
par des fêtes chez toutes les nations. La
Lune continuant d'avancer vers l'orient, et
de s'éloigner du Soleil par son mouvement
propre, elle augmente de grandeur et de lumière, par la raison que nous avons ex-
pliquée ; son croissant est plus fort ; on la
voit plus aisément et plus long-temps ; elle
devient ensuite un demi-cercle, et paraît en
quartier ou en quadrature, lorsqu'elle s'est
éloignée du Soleil de 90 degrés ; c'est ce
qu'on appelle premier quartier ; sept à huit
jours après, elle paraît pleine, ronde et lumineuse ; elle brille toute la nuit, elle se
lève dès que le Soleil se couche, et l'on voit
clairement qu'elle est opposée au Soleil.

Les jours suivans, la Lune perd peu-à-
peu de sa lumière, de sa largeur et de son
disque apparent : elle se lève plus tard ; elle

n'éclaire plus que pendant la moitié de la nuit, elle ressemble de nouveau à un cercle dont on aurait coupé la moitié; c'est la dernier quartier. Quelques jours après, continuant de se rapprocher du Soleil, ce n'est plus qu'un croissant, qui paraît le matin à l'orient, avant que le Soleil se lève, les cornes vers le haut, opposées au Soleil; mais qui, diminuant peu-à-peu de grandeur et de lumière, se perd dans les rayons du Soleil, et disparaît totalement.

Ces phases de la Lune, le plein et les quartiers, ont servi à diviser le mois en quatre parties, de sept jours chacune, qui font à-peu-près la révolution de la Lune; aussi les semaines de sept jours se retrouvent dans l'histoire de tous les peuples anciens: d'ailleurs le nombre sept, déjà consacré par celui des planètes, devait encore porter les peuples à compter les jours par sept, et chacun était consacré à l'une des sept divinités qui étaient indiquées par les planètes.

La Lune faisant environ 12 révolutions par an, l'année se trouva naturellement divisée en 12 mois ; et par une suite du respect qu'on avait pour ce nombre, on divisa aussi le jour et la nuit en 12 heures : le nombre douze offrait d'ailleurs des subdivisions très-commodes ; aussi fut-il célèbre dans tous les pays et dans toutes les religions. Il y avait 12 grands dieux en Égypte, 12 travaux d'Hercule, 12 Tribus en Israël, 12 apôtres de J.-C.; et dans l'Apocalypse, le nombre 12 revient 14 fois, et le nombre 7, 20 fois.

# CHAPITRE VI.

## *Du Calendrier.*

LE calendrier renferme une des applications les plus curieuses des mouvemens du Soleil et de la Lune. Nos années communes sont de 365 jours ; mais la révolution du Soleil ne finit qu'au bout de 365 jours et un quart ; en sorte que chaque année nous restons en arrière d'un quart de jour, et au bout de quatre ans notre année se trouve finir un jour plutôt que celle du Soleil, alors nous différons d'un jour le commencement de l'année suivante, c'est-à-dire que l'on donne 366 jours à la quatrième année, et on la nomme *bissextile*.

Mais il s'en faut de onze minutes que le quart de jour ne soit juste, et au bout de cent ans cette erreur s'accumule de manière qu'on a ajouté presque un jour de trop; voilà pourquoi en 1700, 1800 et 1900 l'année est commune au lieu d'être bissextile, comme elle devrait l'être de quatre en quatre ans. Mais l'an 2000 sera bissextile; on ne supprime que trois bissextiles en 400 ans, parce que les onze minutes d'erreur n'en exigent pas davantage. Voilà en abrégé toute la règle des années solaires, suivant la réformation du calendrier faite en 1582. Les années bissextiles sont celles dont on peut prendre le quart, comme 84, 88, 92, etc., même les années séculaires 1600, 2000, 2400.

Les années lunaires font un article plus compliqué dans le calendrier : aussi, dans le *Bourgeois Gentilhomme*, M. Jourdain dit à son maître de philosophie de lui apprendre l'Almanach. Molière savait que ce n'ét ;

pas une chose facile ; nous allons la simplifier, du moins autant qu'il sera possible.

Le mois lunaire, ou le retour des phases de
la Lune, est de 29 jours 12 heures 44 minutes ; douze mois lunaires ne font pas une
année ; il s'en faut 11 jours. Mais au bout
de 19 ans, il y a eu 235 mois lunaires et 228
mois solaires ; ils se trouvent avoir fait la
même somme, et la Lune recommence avec
l'année.

En 1786, la nouvelle Lune est arrivée le
1er. janvier, et nous disons que le *Nombre
d'or* est 1; car les nombres d'or sont une suite
de 19 nombres qui répondent à 19 ans, et
indiquent successivement les années qui s'é-
coulent avant que la nouvelle Lune revienne
au 1er. janvier. En 1787, on comptait 2 de
nombre d'or ; en 1788, on avait 3, et ainsi
de suite, et chaque fois la Lune recommence
11 jours plutôt. Au bout de 3 ans, cela fait
33, c'est-à-dire, une lune entière, et quatre jours de plus ; ainsi tous les trois ans, il
y a treize nouvelles Lunes dans le cours
d'une année. On appelle communément

Lune de janvier la lunaison qui se termine dans le mois de janvier ; Lune de mars, celle qui finit dans le mois de mars. Celle qui règle la fête de Pâques n'est pas la Lune de mars, mais c'est celle dont le quatorzième arrive le 21 de mars, ou qui le suit ; le dimanche après ce quatorzième est toujours la fête de Pâques ; aussi elle varie depuis le 22 de mars jusqu'au 25 d'avril.

L'ÉPACTE est le nombre qui indique l'âge de la Lune le premier janvier : ainsi quand l'épacte est 1, comme en 1778, la Lune a un jour quand l'année commence, c'est-à-dire que la Lune a été nouvelle le 31 décembre.

Les épactes vont toujours en augmentant de 11 ; par exemple, en 1779, l'épacte était 12, et ainsi de suite ; excepté en 1786 où elle a augmenté de douze, ce qui arrive tous les 19 ans, lorsque le nombre d'or a été 19 et devient 1. Par cette règle, il est aisé de trouver l'épacte de chaque année, en ajoutant 11, et ôtant 30, lorsqu'ils y sont. On trouvera

6

pour 1795 , ensuite 20, 1 , 12, 23 , 4 , 15 ,
26 , 7 , 18 , 0 , 11 , 22 , 3 , 14 , 25 , 6 , 17 , 28 ,
9 , 20 , 1 , 12 , etc.

L'épacte sert à trouver l'âge de la Lune en
l'ajoutant avec le quantième du mois ; mais
au mois de décembre , il y aurait dix jours
d'erreur, si l'on n'ajoutait pas successivement
et peu-à-peu ces dix jours , en commençant
au mois de mars , parce que la Lune accé-
lère tous les mois d'environ un jour , excepté
dans les deux premiers mois où il y en a un
plus court que les autres.

Ainsi , je suppose que le 16 juillet 1787 ,
on veuille trouver l'âge de la Lune , on ajou-
tera 16 avec l'épacte 11 , et de plus 5 jours ,
parce qu'il y a cinq mois depuis mars ; en
aura 32 , et ôtant 30, il restera 2 pour l'âge
de la Lune ; en effet , la nouvelle Lune ar-
rivera le 14 au soir fort près de minuit. Au
reste , il pourrait bien y avoir un jour d'erreur , et même deux , dans l'usage de cette
opération ; mais on n'a pas droit d'attendre
une plus grande précision d'une règle aussi
simple, il en faudrait une trop compliquée
pour l'avoir plus exacte.

Le CYCLE SOLAIRE recommence tous les 28 ans ; la première année de chaque cycle, ( comme 1784 ) l'année commence par un jeudi, la seconde par un samedi, parce que 366 jours sont cinquante-deux semaines et deux jours ; la troisième par un dimanche, et ainsi de suite, et augmentant d'un jour après les années communes, et de deux après les années bissextiles.

Comme il y a un saut ou une augmentation d'un jour tous les quatre ans, il faut que les sept jours aient passé quatre fois ; c'est-à-dire qu'il faut vingt-huit ans pour que les augmentations reviennent dans le même ordre. Ce calcul ressemble à celui des loges que l'on a au spectacle tous les quatre jours ; comme il y a sept jours dans la semaine, ce n'est qu'au bout de quatre fois sept, ou de vingt-huit jours, qu'on recommence à avoir les mêmes jours dans l'ordre où on les avait eus d'abord, et avec les mêmes diversités.

On demande souvent aux astronomes ce que c'est que la Lune de mars ; ils répondent toujours c'est celle qui finit dans le mois de mars.

On appelle quelquefois la Lune d'avril *Lune rousse*, peut-être parce que les gelées du mois d'avril font roussir ou jaunir les bourgeons.

## CHAPITRE VII.

### Des Eclipses.

LE calcul des éclipses est la chose qui étonne le plus dans les recherches des astronomes ; mais c'est parce que le spectacle en est plus frappant pour le public ; car la difficulté n'est pas plus grande que celle des autres parties de l'astronomie. Les éclipses totales de Soleil sont surtout remarquables ; on passe dans un instant du jour le plus éclatant à une obscurité pareille à celle de la nuit, et même plus sensible et plus frappante ; les chevaux sont obligés de s'arrêter dans le milieu du chemin, ne sachant où mettre le pied ; la rosée commence à tomber, par l'interruption subite de la chaleur ; les oiseaux même retombent vers la terre par l'effroi que leur cause une si triste obscurité. Il n'y a eu depuis long-temps à Paris d'autre éclipse totale, que celle du 22 mai 1724, et il n'y en aura point dans le dix-neuvième siècle, comme je m'en suis assuré pour satisfaire la curiosité de Louis XV, qui désirait beaucoup de le savoir. Il y aura seulement une éclipse annulaire en 1847 comme en 1748 et 1764, dans lesquelles le Soleil déborde la Lune tout autour et forme un anneau de lumière.

La trace de l'orbite de la Lune dans le ciel est différente de cinq degrés de celle du Soleil ; c'est-à-dire, de l'écliptique ; mais elle la coupe en deux points que l'on appelle les nœuds ; la Lune passe tous les quinze jours dans un de ces nœuds, et si le Soleil se trouve vers le même endroit, la Lune nous le cache ; ce qui fait l'éclipse de Soleil ; ou bien, si elle est à l'opposite du Soleil, elle est cachée par la Terre ; ce qui fait une éclipse de Lune.

Ainsi il doit y avoir éclipse au moins deux fois l'année, dans les nouvelles Lunes ou dans

les pleines Lunes, qui arrivent quand le Soleil se trouve vers un des deux points du ciel
où sont les nœuds ; mais ces éclipses ne sont
pas toujours visibles pour nous, parce que la
Lune ne peut cacher le Soleil qu'à une partie
de la Terre. En 1786, nous n'avions aucune
éclipse à Paris.

Il peut arriver six ou sept éclipses dans la
même année, pour différens pays de la terre,
parce qu'il n'est pas nécessaire que le Soleil
réponde précisément aux nœuds de la Lune
pour qu'il y ait éclipse ; la largeur de ces deux
astres suffit pour qu'ils paraissent se toucher,
sans qu'ils répondent précisément au même
point du ciel ; et la largeur de la Terre fait
que la Lune peut cacher à un pays le bord
du Soleil, quoiqu'elle soit éloignée de plusieurs degrés du nœud ou de l'intersection
des deux orbites.

Les éclipses reviennent à-peu-près dans le
même ordre au bout de dix-huit ans et dix
jours : cette remarque importante et curieuse, qui avait été faite plus de 600 ans
avant l'ère vulgaire, servit peut-être à Tha-

lés pour prédire aux Ioniens une éclipse totale de Soleil qui arriva pendant la guerre des
Lydiens et des Mèdes ; les uns rapportent
cette éclipse à l'an 585, d'autres à l'année
621 avant l'ère vulgaire. Au reste, ce qu'Hérodote dit de cette prédiction est si vague,
qu'il est encore douteux qu'elle ait jamais
été faite réellement.

# CHAPITRE VIII.

### Du Système du monde.

JUSQU'ICI nous avons parlé du mouvement
diurne de tout le ciel, et du mouvement annuel du Soleil. L'un et l'autre sont de pures
apparences; et c'est ce que nous avons à
développer en expliquant le système de Copernic.

Le mouvement de la Terre est difficile à
concevoir pour tous ceux qui sont imbus des
anciens préjugés; mais l'astronomie en fournit des preuves si frappantes, que les plus
anciens philosophes en ont senti la vérité.

Aristarque de Samos, Nicétas, Philolaüs,
et d'autres pythagoriciens avaient compris
la difficulté qu'il y avait à supposer que tous
les astres tournaient en vingt-quatre heures
autour de nous, et le grand Copernic y trouva
de quoi confirmer ses idées.

En effet, quand on voyait cette concavité
immense de tout le ciel, où nous distinguons cent millions d'étoiles, qui sont toutes
à des distances prodigieuses de nous, et
des planètes qui ont toutes des mouvemens
contraires à ce mouvement de tous les jours;
quand on réfléchit à la petitesse de la Terre,
il devient impossible de concevoir que tout
cela puisse tourner à-la-fois d'un mouvement régulier et constant, en vingt-quatre
heures de temps, autour d'un atome tel que
la Terre. Non-seulement le mouvement
diurne de tous les astres en vingt-quatre heures autour de la Terre est une chose invrai-
semblable, j'ose dire qu'elle est absurde, et
qu'il faut être aveuglé par le préjugé de l'i-
gnorance pour pouvoir persévérer dans cette
idée : toutes ces planètes, dont les mouve-

mens propres sont si différens les uns des autres; toutes ces comètes, qui semblent n'avoir presque aucune ressemblance avec les autres corps célestes ; ces cent millions d'étoiles fixes, que les lunettes nous font voir dans toutes les parties du ciel; tous ces corps, dis-je, qui n'ont aucune connexion, qui sont indépendans l'un de l'autre, et à des distances que l'imagination a de la peine à concevoir, se réuniraient donc pour tourner chaque jour ensemble, et comme tout d'une pièce, autour d'un axe ou essieu, lequel même change de place ! Cette égalité dans le mouvement de tant de corps, si inégaux d'ailleurs à tous égards, devait seule indiquer aux philosophes qu'il n'y avait rien de réel dans ces mouvemens ; et quand on y réfléchit, elle prouve la rotation de la Terre d'une manière qui ne laise aucun doute.

Depuis qu'à l'aide des lunettes nous voyons sans aucune espèce d'incertitude le Soleil, Saturne, Jupiter et Mars, tourner chaque jour sur leur axe, il est encore plus difficile de révoquer en doute la rotation de la Terre autour du sien.

Enfin, mon raisonnement est simple, et il me paraît sans réplique : pour que tous ces corps célestes tournassent ensemble tous les jours, il faudrait qu'ils tinssent ensemble par quelque moyen. Or, il est évident qu'ils ne tiennent point, puisqu'ils ont tous des périodes différentes ; donc il est impossible qu'ils aient ce mouvement commun de tous les jours autour de nous.

Lorsque, par ces raisonnemens, l'on est bien convaincu du mouvement de rotation de la Terre, il n'est pas difficile d'admettre son mouvement de révolution ou de translation en une année autour du Soleil ; en effet, un corps ne tourne point sur son axe sans avancer en même temps, et l'on voit les planètes, Jupiter et Mars, tourner sur leur axe en même temps qu'elles avancent dans leurs orbites.

Nous avons dans le ciel une indication bien marquée de ce mouvement annuel de la Terre ; les planètes paraissent rétrograder chaque année, dès qu'elles sont opposées au Soleil, c'est-à-dire, qu'au lieu d'aller d'occident en orient, suivant l'ordre des signes et dans la direction naturelle de tous les corps célestes, elles s'arrêtent et retournent sur leurs pas en rétrogradant vers l'occident. Cette rétrogradation est de 6 à 7 degrés pour Saturne, de 10 pour Jupiter, et va jusqu'à 19 pour Mars. Copernic remarqua facilement que c'était un effet naturel du mouvement de la Terre, qui, passant entre le Soleil et ces planètes, et allant plus vite qu'elles vers l'orient, les laisse en arrière, c'est-à-dire, vers l'occident; en sorte qu'elles paraissent aller du côté opposé à celui où nous allons, et où elles vont réellement.

On voit évidemment Mercure et Vénus tourner autour du Soleil, parce qu'elles sont toujours auprès de lui, quoiqu'elles paraissent s'en éloigner et s'en rapprocher alternativement; beaucoup plus grosses quand elles sont en-deçà, et plus petites quand elles sont au-delà du Soleil. La découverte des lunettes, en 1610, rendit ce phénomène plus évident par les phases de Vénus; en effet, tantôt elle est pleine et ronde, quand elle est directement par-delà le Soleil, tantôt en croissant lorsqu'elle est plus près de nous que le Soleil et sur le côté ; enfin elle passe sur le Soleil et y paraît en forme de tache noire, comme on l'a vu en 1761 et en 1769 : tout cela prouve démonstrativement que Vénus est tantôt en-deçà du Soleil, tantôt au-delà, c'est-à-dire qu'elle tourne autour du Soleil.

Il en est de même de Mercure, que l'on a déjà vu passer dix-huit fois sur le Soleil, et qu'on y verra encore passer en 1815 et en 1832.

Ainsi le mouvement des planètes autour du Soleil simplifie beaucoup l'explication de leurs inégalités, et conduit naturellement à admettre celui de la Terre. Aussi Fontenelle, expliquant le système de Copernic dans ses Entretiens sur la pluralité des Mondes, ajoute : « La marquise, qui a le discernement vif et prompt, jugea qu'il y avait » trop d'affectation à exempter la Terre de » tourner autour du Soleil, puisqu'on n'en » pouvait pas exempter tant d'autres grands

» corps ; que le Soleil n'était plus si propre
» à tourner autour de la Terre...., et enfin
» il fut résolu que nous nous en tiendrions
» au système de Copernic , qui est plus uni-
» forme et plus riant , et n'a aucun mélange
» du préjugé. En effet , la simplicité dont
» il est , persuade , et sa hardiesse fait plai-
» sir. »

Le système de Ptolémée , qui a régné
long-temps dans les écoles , semblait être
plus simple , en ce qu'il laissait la Terre immobile au centre du monde , et faisait tourner les planètes et le Soleil lui-même autour
de la Terre. L'ignorance du moyen âge , les
idées étroites et populaires , l'inquiétude de
la superstition , étaient les causes qui pouvaient faire admettre un système d'ailleurs
absurde par l'énorme complication de mouvemens qu'il fallait admettre pour expliquer
les différens phénomènes dont nous avons
parlé , et qui , par le moyen du mouvement
de la Terre , rentrent tous dans l'ordre le
plus simple.

On ne croirait pas aujourd'hui qu'un des

grands obstacles qu'a trouvé le système de Copernic est venu du passage de l'Ecriture où il est dit que Josué arrêta le Soleil. Il est très-étrange qu'on ait prétendu que Josué dût parler un langage philosophique ; inconnu dans son pays , et de son temps. Ce serait exclure des livres saints toutes les expressions qui sont reçues dans la société, et par lesquelles on se fait entendre de tout le monde. Les astronomes disent comme les autres , le Soleil se lève et le Soleil se couche , et le diront éternellement sans prétendre méconnaître le véritable état de la nature et de l'immobilité du Soleil. Dieu, conversant parmi les hommes, le dirait avec eux; et Josué ne pouvait dire autrement. Il me semble qu'il y a de la stupidité à prétendre qu'un général d'armée tel que Josué, dans le moment où il s'agissait de manifester à ses soldats la gloire et la puissance de Dieu par une victoire , dût leur faire un leçon d'astronomie , et , quittant le langage que ses soldats pouvaient entendre , dire à la Terre de s'arrêter. Il aurait fallu en même temps

leur apprendre en détail pourquoi cette singularité d'expression , et jamais digression
n'eût été plus hors de place. Ainsi , dans le
cas même où l'on prétendrait que Josué ,
comme prophète, aurait été instruit par la
toute-puissance de Dieu de ce qu'on ignorait
de son temps , et surtout dans son pays , il
n'aurait pas pu s'exprimer autrement qu'il
ne faisait.

Le système de Tycho-Brahé fut imaginé
uniquement pour sauver cet'inconvénient ;
ainsi il est réfuté d'avance, et ne mérite pas
même d'être rapporté. Cet auteur religieux
ou timide , ne pouvant se dispenser d'admettre le mouvement de toutes les planètes
autour du Soleil , que Copernic avait si bien
démontré , crut qu'on pouvait bien supposer , par respect pour l'Écriture sainte , que
le Soleil , accompagné de tout son cortége ,
tournait autour de la Terre ; il est vrai que
de cette manière-là l'on explique facilement
tous les phénomènes , tout de même qu'un
enfant , qui se trouverait pour la première
fois dans la galiote de Saint-Cloud, explique-

rait très-bien tout ce qu'il voit, en disant que les villages de Chaillot et de Passy s'en vont réellement du côté de Paris, et que la galiote ne bouge pas.

L'objection qu'on a le plus répétée contre le mouvement de la Terre est que les oiseaux en l'air devraient voir la Terre s'enfuir sous leurs pieds, et qu'un boulet de canon, qui serait lancé perpendiculairement de bas en haut, ne retomberait jamais près de nous, parce que nous serions emportés fort loin pendant que le boulet est en l'air. Mais ce raisonnement est une erreur : il est impossible que des corps terrestres, et l'atmosphère de la Terre, qui depuis tant de siècles tiennent à la Terre et tournent avec elle, n'en aient pas reçu un mouvement commun, une impression et une direction commune : la Terre tourne avec tout ce qui lui appartient, et tout se passe sur la Terre mobile comme si elle était en repos. Il est étonnant que Tycho, le P. Riccioli, et tous ceux qui ont répété le même argument sous tant de formes différentes, n'aient pas su

que lorsqu'on jette une pierre du haut du
mât d'un vaisseau en mouvement, elle
tombe directement au pied du mât, comme
quand le vaisseau est en repos. Ceux qui
sont sur le rivage lui voient décrire une ligne oblique, ou la diagonale des deux vî-
tesses ; le mouvement du vaisseau est com-
muniqué d'avance au mât, à la pierre, et
à tout ce qui existe dans le vaisseau, en
sorte que tout arrive dans ce navire comme
s'il était immobile : il n'y a que le choc des
obstacles étrangers qui fait qu'on en aperçoit
le mouvement lorsqu'on est dans le navire ;
mais comme la Terre ne rencontre aucun obstacle étranger, il n'y a absolument rien dans
la nature, ni sur la Terre, qui puisse par sa
résistance, par son mouvement ou par son
choc, nous faire apercevoir le mouvement de
la Terre. Ce mouvement est commun à tous
les corps terrestres ; ils ont beau s'élever en
l'air, ils ont reçu d'avance l'impression du
mouvement de la Terre, sa direction et sa vîtesse; et lors même qu'ils sont au plus haut de
l'atmosphère, ils continuent à se mouvoir

comme la Terre. On a dans les cabin ts de physique une petite machine , en forme de chariot, qui en roulant fait partir une balle en l'air ; il la reçoit à quelque distance de là , dans la même coquille où la balle retombe toujours , malgré le mouvement du chariot. Un boulet de canon qui serait lancé bien perpendiculairement vers le zénith, retomberait dans la bouche du canon , quoique , pendant le temps que le boulet était en l'air , le canon ût avancé vers l'orient avec la Terre de plusieurs lieues ( il doit faire six lieues et un quart par minute sous l'équateur ) : la raison en est évidente ; ce boulet , en s'élevant en l'air , n'a rien perdu de la vitesse que le mouvement de la Terre lui a communiquée: c s deux impressions ne sont point contraires ; il peut faire une lieue vers le haut , pendant qu'il en fait six vers l'orient ; son mouvement, dans l'espace absolu, est la diagonale d'un parallélogramme dont un côté a une lieue et l'autre six. Il retombera par sa pesanteur naturelle , en suivant une autre diagonale , et il retrouvera le canon qui n'a point cessé d'être situé, aussi bien que le boulet, sur la ligne qui va du centre de la Terre jusqu'au sommet de la ligne où il a été lancé.

Cette expérience est fort difficile à bien faire. Le père Mersenne et M. Petit la firent dans le dernier siècle; mais ils ne retrouvèrent pas leur boulet. A Strasbourg, on l'a trouvé à 36⁷ toises; mais il eût été à plusieurs lieues si la Terre n'avait pas entraîné le boulet.

Les planètes tournant autour du Soleil, c'est dans le Soleil qu'il faudrait être pour observer les circonstances, les règles ou les lois de leur mouvement; mais il y a des occasions où la Terre se trouve placée de manière que nous pouvons apercevoir les choses comme si nous étions au centre même du Soleil. Par exemple, quand une planète est sur la même ligne que le Soleil et la Terre, soit que la Terre soit entre deux, et la planète en *opposition*, soit que la planète paraisse du même côté que le Soleil, c'est-à-dire en *conjonction*, alors nous voyons la planète au même lieu que si nous pouvions la voir du Soleil.

C'est en profitant de ces circonstances qu'on est parvenu à connaître toutes les lois du mouvement des planètes. Kepler reconnut, 1°. que les planètes décrivent autour du Soleil, non des cercles, mais des ovales ou ellipses ;

2°. Qu'elles vont réellement d'autant plus vite qu'elles sont plus près du Soleil ;

3°. Que les planètes les plus éloignées sont plus long-temps à faire leur tour dans un rapport qu'il découvrit : ce rapport paraît compliqué ; car il faut multiplier deux fois la distance par elle-même le temps ou la durée de la révolution, on aura le même rapport pour toutes les planètes ; ce qu'on énonce ordinairement en ces termes : les carrés des temps sont comme les cubes des distances. Jupiter est cinq fois plus loin du Soleil que la Terre, et il lui faut onze fois plus de temps pour faire son tour. Le nombre 11 multiplié par lui-même fait 121; la distance 5 multipliée deux

fois par 5, fait 125, et ce produit est à-
peu près le même ; on trouve une égalité
parfaite quand on fait le calcul plus rigou-
reusement.

C'est aussi par des observations rappor-
tées au Soleil que les astronomes ont déterminé les périodes et les inégalités des planètes, et ont fait les tables qui servent à
calculer, dans les Fphémérides la place où
chacune doit se trouver à chaque jour de
l'année.

Le mouvement de la Terre autour du Soleil, et l'immobilité de celui-ci par rapport
à nous, n'empêche pas que la totalité de notre système solaire ne puisse être sujette à
quelque déplacement. En effet, puisque
les étoiles s'attirent de fort loin, il est vraisemblable qu'elles sont dans un mouvement continuel. Nous les appelons fixes,
parce que leur mouvement est insensible
pour nous ; mais il y en a quelque-unes dont
nous avons déjà observé le mouvement,
surtout *Arcturus* ; et à l'égard du Soleil,
j'ai fait voir que le mouvement de rotation
qu'on y observe est inséparable d'un mou-

vement de translation ou d'un déplacement
réel , dans lequel le Soleil entraîne avec lui
tout le système , la Terre , les planètes et
les comètes au travers des espaces célestes ;
nous ne savons point encore avec quelle
vitesse ni dans quelle direction. Quoi qu'il
en soit , le Soleil , par rapport à nous , doit
être supposé immobile , comme nous l'avons
démontré.

## CHAPITRE IX.

### De l'Attraction , ou de la Pesanteur des Corps célestes.

LA pesanteur que nous éprouvons sur la
Terre , et qui nous y fait retomber dès que
nous nous en éloignons , est un phénomène
si commun , qu'à peine y fait-on attention ;
examinons-le plus en détail , et nous ver-
rons que ce phénomène a lieu partout.

La Terre est ronde , et la pesanteur a lieu
tout autour ; les habitans de la Nouvelle-
Zélande , qui nous sont diamétralement op-

posés , tendent comme nous vers la Terre, et ils ont les pieds vis-à-vis des nôtres.

On a peine à se figurer comment les hommes peuvent habiter des pays antipodes , et où leurs pieds se regardent. Il semble au premier abord que les uns ou les autres doivent avoir la tète en bas , c'est-à-dire, être placés dans une situation renversée , et contre l'état naturel. Mais pour rectifier ses idées là-dessus, on n'a qu'à examiner pourquoi nous sommes debout sur la surface du globe , nos pieds tournés vers la Terre, et la tête élevée vers le ciel ; pourquoi nous retombons sans cesse à cette première situation dès qu'un effort ou un mouvement étranger nous en a détournés. Cette force avec laquelle tous ces corps descendent vers la Terre , soit qu'on l'appelle pesanteur , gravité ou attraction , quoique sa cause nous soit inconnue , se manifeste dans tous les points de notre globe ; partout les corps graves tendent vers le centre de la Terre par un effort constant et inaltérable , partout on dit que ce qui tombe vers la

Terre descend, et qu'on monte en s'éloignant : ainsi qu'un aimant attire également un morceau de fer, soit qu'on le présente au-dessus ou au-dessous, la Terre retient de tous côtés, et avec la même force, tout ce qui la touche ou qui en approche ; et il n'y a aucune différence entre ses différentes parties : ce que nous appelons dessus et dessous est absolument relatif à nous et à notre manière d'apercevoir. Le côté où sont nos pieds est ce que nous appelons le bas ; et par conséquent ceux qui sont à nos antipodes, ayant leurs pieds opposés aux nôtres, appellent le bas le côté du ciel que nous appelons le haut. Si la Terre est représentée par la boule C ( fig. 4 ), les corps qui sont en A tomberont en B, et le corps qui sera en E, tombera en D, tous deux attirés vers le centre C de la Terre.

Cette pesanteur que nous éprouvons sur la Terre, parce que nous y tenons à un gros assemblage de matière, a lieu de même dans toutes les autres planètes, et nous en avons un indice évident dans leur figure arrondie ;

cette rondeur est un effet naturel de la pesanteur de toutes les parties ; la Terre s'est arrondie dès l'instant de sa formation, et la mer
qui l'environne s'arrondit également , parce
que toutes les parties tendent vers un centre commun autour duquel elles se disposent
et s'arrangent pour trouver l'équilibre ;
nous faisons abstraction du petit applatisse-
ment produit par la force centrifuge ; cet
équilibre ne pourrait avoir lieu si une partie
de l'Océan était plus éloignée du centre que
l'autre. Voilà pourquoi la pesanteur mu-
tuelle des parties d'un corps doit nécessairement y produire la rondeur.

Anaxagore , Démocrite , Épicure , ad-
mettaient déjà cette tendance générale de
la matière vers les centres communs, soit
sur la Terre , soit ailleurs ; Plutarque en
parle d'une manière bien claire dans l'ouvrage sur la cessation des oracles , où il explique comment chaque monde a son centre
particulier , ses terres, ses mers , et la force
nécessaire pour les assembler et les retenir
autour du centre.

D'un autre côté, il se trouve des personnes qui demandent pourquoi les étoiles ne tombent pas; comment elles sont suspendues; d'où vient que le Soleil ne tombe pas sur nous, ainsi que les corps terrestres que nous voyons, et qu'est-ce qui tient la Terre à sa place? Pour prévenir cette difficulté, il importe de s'accoutumer de bonne heure à cette idée très-physique que les corps ne changent point de place sans une cause motrice; les étoiles ne sont point suspendues, et n'ont point besoin de l'être, parce que rien ne les déplace; il suffit qu'elles soient en un lieu pour y être toujours; il ne faut du soutien qu'aux choses qui ont disposition à tomber vers un endroit, et les étoiles n'ont aucune tendance vers la Terre; elles en sont trop éloignées; si elles s'attirent réciproquement, comme c'est à de très-grandes distances, l'effet en est à-peu-près insensible.

Kepler fut celui qui développa le mieux, en 1609, l'universalité de l'attraction, mais c'est à Newton que l'on en doit la dernière preuve, et ce qui était plus important encore , la loi et la mesure ; voici ce qu'en rapporte Pemberton , son compagnon et son ami.

« Les premieres idées qui donnèrent nais-
» sance au livre des Principes de Newton ,
» lui vinrent en 1666 , lorsqu'il eut quitté
» Cambridge à l'occasion de la peste. Il se
» promenait seul dans un jardin , méditant
» sur la pesanteur et sur ses propriétés : cette
» force ne diminue pas sensiblement , quoi-
» qu'on s'élève au sommet des plus hautes
» montagnes. Il était donc naturel d'en con-
» clure que cette puissance devait s'étendre
» beaucoup plus loin. Pourquoi , disait-il ,
» ne s'étendrait-elle pas jusqu'à la Lune ?
» Mais si cela est, il faut que cette pesan-
» teur influe sur le mouvement de la Lune ;
» peut-être sert-elle à retenir la Lune dans
» son orbite ? et quoique la force de la gra-
» vité ne soit pas sensiblement affaiblie
» par un petit changement de distance , te
» que nous pourrons l'éprouver ici-bas , il
» est très-possible que , dans l'éloignement
» où se trouve la Lune , cette force soit

» fort diminuée. Pour parvenir à estimer
» quelle pourrait être la quantité de cette
» diminution , Newton songea que si la
» Lune était retenue dans son orbite par la
» force de la gravité , il n'y avait pas de
» doute que les planètes principales ne
» tournassent autour du Soleil en vertu de
» la même puissance ».

C'est un principe reconnu , même autrefois par Anaxagore , qu'un corps en mouvement continue de se mouvoir sur une même ligne droite , s'il ne rencontre aucun obstacle , et qu'un corps mu circulairement s'échappe par la tangente aussitôt qu'il cesse d'être contraint et assujetti à tourner dans le cercle ; on l'éprouve toutes les fois qu'on fait jouer une fronde : car après avoir donné un mouvement circulaire, il se change en un mouvement rectiligne aussitôt qu'on lâche la corde. On l'éprouve encore plus sensiblement sur la meule d'un gagne-petit, dès qu'on y jette une goutte d'eau, elle s'échappe par la tangente , pour décrire une ligne droite.

Les planètes en feraient autant si elles

n'étaient pas retenues par cette force cen-
trale , ou par cette attraction qui les empêche de s'éloigner , et qui , comme la corde
d'une fronde , les maintient dans leur cercle ou dans leur orbite.

Ainsi la Lune , tournant autour de la
Terre , est un indice de la force attractive
de la Terre ; les planètes, tournant autour
du Soleil , prouvent la force du Soleil ; les
satellites qui tournent autour de Jupiter et
de Saturne , et qui les accompagnent toujours dans leurs révolutions , démontrent
une pareille force dans ces planètes. Ainsi
la force attractive a lieu partout , et c'est
une propriété générale de la matière.

Newton voulut donc comparer la force que
la Terre exerce sur nos corps avec celle qui
retient la Lune dans son orbite, ou qui l'empêche de s'échapper par la force centrifuge,
et de s'en aller en ligne droite. Les corps
terrestres descendent vers la Terre avec une
vitesse de quinze pieds par seconde , comme
Galilée l'avait déjà remarqué au commencement du dix-septième siècle; mais l'orbite

e la Lune ne se courbe que d'un deux cent quarantième de pied dans le même intervalle de temps, c'est-à-dire trois mille six cent fois moins ; or, la Lune est soixante fois plus loin que nous du centre de la Terre, et 3600, ou 60 fois 60 est le carré de 60 ; ainsi la même force que l'on supposera diminuer, comme le carré de la distance augmente, suffira pour expliquer également et la descente des corps graves vers la Terre, et la persévérance de la Lune à tourner autour de cette même Terre. On voit que cette force diminue plus que la distance n'augmente ; à une distance dix fois plus grande, l'attraction est cent fois plus petite, parce que 10 fois 10 font 100. C'est ce qu'on entend, quand on dit que *l'attraction est en raison inverse du carré de la distance.* Telle est la fameuse loi de l'attraction qui se vérifie et s'observe dans tous les mouvemens célestes, même dans les corps terrestres. On observe en effet l'attraction des montagnes qui détournent les corps de leur direction perpendiculaire à proportion de la grosseur de ces mon-

tagnes par rapport à celle de la Terre. Bouguer s'établit en 1758 près d'une grosse montagne du Pérou qui pouvait produire la deux
millième partie de l'attraction de la Terre',
et il se trouva qu'en effet l'attraction de la
montagne était sensible.

L'attraction de chaque planète sur ses
corps environnans a fourni un moyen de connaitre même les densités de chacune, ce
qui parait d'abord bien extraordinaire et
bien loin de notre portée ; mais voici une
idée de la méthode.

La Lune qui tourne autour de la Terre, et
le premier des satellites qui tourne autour de
Jupiter sont à-peu-près à la même distance ;
s'ils tournaient avec la même vitesse, il faudrait la même force pour les retenir : et l'on
en conclurait que Jupiter a autant de force,
autant de masse, autant de matière que la
Terre. Mais le satellite tourne 16 fois plus
vite ; et comme la vitesse produit encore
16 fois plus de force pour s'échapper, l'expérience prouve qu'un corps qui va 4 fois
plus vite a 16 fois plus de force et produit 16

fois plus d'effet ; c'est le carré de la vîtesse ou 4 fois 4 qui mesure la force. Or, 16 fois 16 font 256 ; ainsi Jupiter est nécessairement 256 fois plus puissant, plus massif que la Terre ; mais il est mille fois plus gros, ainsi sa force ne suit pas sa grosseur. Cela ne peut venir que de ce qu'il est d'une substance 4 fois plus légère et moins dense que celle de la Terre , comme la pierre est 4 fois plus légère que le cuivre. Le Soleil et Jupiter n'ont que la densité de la pierre , le globe de la Terre est une densité qui tient le milieu entre le marbre et le fer ; et Saturne n'a que la densité du sapin.

# CHAPITRE X.

### Manière de mesurer la distance des Planètes à la Terre.

Ce qui cause universellement le plus d'admiration , avant qu'on ait appris l'astronomie , c'est la connaissance de la véritable

distance ou de l'éloignement des planètes ;
on est surpris de nous entendre affirmer que
la Lune est à 86 mille lieues de nous ; mais
l'étonnement cessera dès qu'on aura senti
les moyens que nous employons pour y
parvenir.

Pour connaître l'éloignement d'une planète, il suffit de savoir quelle différence
on trouve en la regardant de différens en-
droits de la Terre ; car plus un objet est près
de nous, plus il paraît changer de position
quand on change de place pour le regarder.
Quand nous montons, les objets paraissent
descendre ; quand nous sommes aux Tui-
leries, les arbres nous paraissent élevés : si
nous allons au haut du bâtiment, il nous
paraissent abaissés, parce que le rayon vi-
suel, par lequel nous les voyons, s'incline
ou s'abaisse à mesure que notre œil est plus
haut. Cette différence, quand il s'agit des
astres, s'appelle *parallaxe*, c'est-à-dire,
changement.

Ne craignons point de nous servir du
terme de *parallaxe*, quoiqu'il paraisse trop

8.

scientifique; l'usage en sera commode, et
ce terme explique un effet qui est bien fa-
milier et bien simple. Si l'on est au spectacle
derrière une femme dont le chapeau soit trop
grand, et empêche de voir la scène, on se
retire à droite ou à gauche, on s'élève ou l'on
s'abaisse; tout cela est une parallaxe, une
diversité d'aspect, en vertu de laquelle le
chapeau paraît répondre à un autre endroit
du théâtre que celui où sont les acteurs.

C'est ainsi qu'il y a une éclipse de Soleil
en Afrique, tandis qu'il n'y en a point à
Paris, et que nous voyons parfaitement le
Soleil, parce que nous sommes assez haut
pour que la Lune ne puisse pas nous le cacher.

Supposons deux observateurs A et B (fig. 5),
qui soient diamétralement opposés sur la
Terre, c'est-à-dire, aux antipodes l'un
de l'autre, et qui aient observé la Lune C
en même temps; à leur retour, s'ils com-
parent leurs observations, ils trouveront
que la Lune paraissait plus élevée de deux
degrés pour l'un que pour l'autre, pourvu

qu'ils aient tous deux rapporté la Lune à la même étoile pour juger de sa situation.

Ainsi, d'après les observations, la largeur entière A B de la Terre produit deux degrés de différence ou un angle A L B sur la position de la Lune, c'est-à-dire que les rayons visuels des deux observateurs sont inclinés l'un à l'autre de deux degrés. Si on veut savoir ce qui en résulte pour l'éloignement de la Lune, on n'a qu'à faire sur un carton un angle de deux degrés, c'est-à-dire, tirer deux lignes qui fassent entre elles un angle de deux degrés (fig. 1), on verra que l'écartement de ces lignes est partout la 29ᵉ partie de leur longueur ou environ; d'où il suit que les deux rayons visuels qui des deux extrémités de la Terre vont faire sur la Lune un angle de deux degrés sont 30 fois plus longs que leur écartement, qui est le diamètre de la Terre; donc ce diamètre étant de 2900 lieues, l'éloignement de la Lune est de 84 mille lieues environ.

La parallaxe peut même se reconnaître dans un seul endroit, en observant avec

soin une planète quand elle se lève et quand
elle se couche, et qu'elle est tout près d'une
étoile. Pour le bien comprendre il faut considérer que la parallaxe, qui abaisse toujours la
planète, produit cependant un résultat dif-
férend à l'orient et à l'occident ; à l'orient,
la parallaxe fait paraître la planète plus
orientale que l'étoile, et à l'occident elle la
fait paraître plus occidentale ; ainsi, la planète paraîtra s'écarter de l'étoile en deux
sens différens ; et si l'on observe avec grand
soin cette différence du levant au couchant,
dans le cours d'une même nuit, on reconnaî-
tra la quantité de la parallaxe, comme par
les observations faites en deux pays éloignés;
et l'on en conclura de même la distance de
la planète.

Les passages de Vénus, observés en 1761
et 1769, nous ont procuré le moyen de déterminer exactement la distance du Soleil
à la Terre, au moyen des grands voyages
qu'on a entrepris pour les observer à-la-fois
dans des pays très-éloignés. Deux observateurs à deux mille lieues l'un de l'autre, re-

gardant Vénus sur le Soleil, la voyaient par
des rayons différens ou des directions différentes, et par conséquent la voyaient répondre à des points différens du disque
solaire. L'un la voyait sortir de dessus le
Soleil plutôt que l'autre, et la différence était
de plus d'un quart-d'heure. Cette différence,
étant bien observée, a fait connaître de
quelle manière se croisent les rayons qui,
des deux extrémités de la Terre, vont se diriger au Soleil, et par conséquent quelle est
la distance du Soleil; car l'angle est d'autant plus ouvert que le sommet en est plus
près, comme nous l'avons déjà expliqué;
l'on ne juge de l'éloignement d'un objet
dans le ciel, ainsi que sur la Terre, que
par l'effet ou le changement que produit la
distance entre deux observateurs.

Nous ne pouvons rien dire de la distance
des étoiles, elles sont si éloignées, qu'il n'y
a aucun moyen d'éprouver une parallaxe; il
n'y a rien à notre portée qu'on puisse leur
comparer, et ce n'est jamais que par des
comparaisons qu'on peut avoir des mesures.

Si quelque chose pouvait nous donner un terme de comparaison, ce serait l'orbite que la Terre décrit en un an ; mais quoiqu'elle ait 68 millions de lieues, cependant lorsque la Terre est à une des extrémités de cette immense orbite, nous voyons les étoiles de la même manière, et dans la même direction que quand nous sommes à l'autre extrémité ; s'il y avait une différence d'une seule seconde, qui fait un deux cent millième de la distance, nous nous en apercevrions dans les observations faites à six mois de distance ; mais il semble qu'il n'y a pas même cette petite différence ; et dans ce cas, les étoiles seront pour le moins quatre cent mille fois plus loin que le Soleil, ou à plus de quatorze millions de millions de lieues.

Quand on connait la distance d'une planète, et l'angle sous lequel elle nous parait, il est aisé de savoir de quelle grandeur elle est, ou de connaître son vrai diamètre. Par exemple, si la Lune nous parait d'un demi degré, c'est la cent quatorzième partie du rayon d'un cercle ; il faut qu'elle soit 114 fois plus petite que la distance à laquelle nous la voyons, et comme cette distance est de 86 mille lieues, il s'en suit que le diamètre de la Lune est d'environ 830 lieues. On verra plus exactement le résultat de ces calculs dans la table suivante.

Comme les distances des planètes varient par rapport à nous, j'ai marqué seulement la plus petite distance. J'y ai joint la durée des révolutions seulement en jours, et les diamètres de chaque planète en lieues de 2280 toises.

| La plus petite distance à la Terre. | Diamèt. en lieues. | Révolutions. |
|---|---|---|
| Lune 86 m. lieues. | 782 | 27 jours. |
| Soleil 34 millions. | 319,300 | 365 |
| Mercure    21 | 1,166 | 88 |
| Vénus    10 | 2,748 | 225 |
| Mars    18 | 1,490 | 1 an et 321 j. |
| Jupiter   144 | 31.118 | 11 ans 315 j. |
| Saturne   293 | 28.601 | 29 ans 161 j. |
| Herschel 621 | 12,700 | 18 ans 294 j. |

Il y a trois manières de compter la révolution de Mercure et de Vénus.

# CHAPITRE XI.

## De la réfraction des Astres.

LA réfraction astronomique est un autre phénomène que les astronomes observent avec soin, et dont ils font un usage fréquent. La réfraction est le détour que prennent les rayons de lumière qui viennent des astres jusqu'à nous ; ces rayons se détournent d'un demi-degré dans l'horizon, par l'attraction de l'atmosphère, et ils parviennent à notre œil, tandis qu'ils n'y parviendraient pas sans ce détour. Par-là on voit le Soleil se lever 3 à 4 minutes avant qu'il soit réellement levé.

C'est ainsi que quand on met un écu dans le fond d'un vase, de manière que le bord du vase empêche de voir l'écu, si quelqu'un remplit d'eau le vase, les rayons se détournent, et l'on aperçoit l'écu que l'on ne voyait pas.

Le crépuscule est aussi un effet de l'atmos-

phère qui réfléchit et disperse la lumière :
il nous fait voir l'air de l'atmosphère , mais
nous empêche de voir les astres ; il nous
procure un passage doux et gradué de la lumière aux ténèbres , et de la nuit au jour ;
l'aurore commence , et le crépuscule du soir
finit , quand le Soleil est à 18 degrés au-dessous de l'horizon ; de sorte qu'en été il dure
à Paris toute la nuit , parce que le Soleil
ne s'abaisse pas de 18 degrés , même à minuit : ceux qui habiteraient sous le pôle au-
raient un crépuscule de sept semaines; en
sorte que la durée des ténèbres , pour eux ,
serait diminuée de quatorze semaines par
l'effet des crépuscules , qui ont lieu sans que
le Soleil y paraisse sur l'horizon.

La durée du crépuscule dépend du temps
qu'il faut au Soleil pour s'élever ou s'abaisser de 18 degrés ; c'est au moins une heure
et 12 minutes , et presque toujours davantage. Il faut que le crépuscule soit fini pour
qu'on puisse voir les plus petites étoiles ;
mais on commence à voir celles de la première grandeur aussitôt que le Soleil est seu-

lement abaissé de 10 degrés, on aperçoit
Vénus beaucoup plutôt, on la voit même
quelquefois avant que le Soleil soit couché.

La hauteur de l'atmosphère, 15 lieues.

La lumière du Soleil, 1354 fois moindre
à l'horizon.

# CHAPITRE XII.

## Des Satellites de Jupiter.

LES satellites de Jupiter sont quatre petites planètes qui tournent autour de lui,
et comme la Lune autour de la Terre, et
qu'il entraîne dans sa révolution autour
du Soleil ; ils furent découverts par Galilée
en 1610, aussitôt qu'il eut fait des lunettes
d'approche. Nous les voyons passer devant
Jupiter et ensuite derrière, et nous les
voyons s'éclipser lorsqu'ils passent dans l'ombre que Jupiter répand derrière lui, comme
la Lune lorsque la Terre lui intercepte la lumière du Soleil. Les astronomes font un
grand usage de ces éclipses pour déterminer
les longitudes.

La géographie s'est perfectionnée considérablement depuis un siècle, principalement par le secours du premier satellite de Jupiter, qui, s'éclipsant tous les deux jours, fournit des occasions continuelles aux voyageurs pour déterminer des longitudes, tandis qu'ils observent des latitudes par le moyen de la hauteur du Soleil ou de celle des étoiles ; or, dès qu'on connaît la longitude et la latitude d'un lieu de la Terre, on est en état de le marquer sur les cartes et sur les globes ; et de le trouver avec certitude dans un autre voyage. C'est là l'objet des expéditions entreprises, surtout depuis vingt ans, des voyages autour du monde, faits par le capitaine Cook, par Bougainville, par la Pérouse et par beaucoup d'autres.

Saturne a aussi sept satellites qui tournent auprès de lui, et qui furent découverts par des Huygens en 1655, par Cassini en 1671, et Herschel en 1789 ; mais ils sont si petits, qu'on ne peut les voir que difficilement et avec d'excellentes lunettes.

## REVOLUTIONS DES SATELLITES.

| de Jupiter. | | de Saturne. | |
|---|---|---|---|
| I. 1 j. 18 h. | | I. 1 j. 21 h. | |
| II. 3 | 13 | II. 2 | 18 |
| III. 7 | 4 | III. 4 | 12 |
| IV. 16 | 16 $\frac{1}{2}$ | IV. 15 | 23 |
| | | V. 79 | 8 |
| | | VI. 1 | 9 |
| | | VII. » | 23 |

# CHAPITRE XIII.

## Des Comètes.

LES comètes ont été long-temps un objet
de terreur pour le peuple , soit à cause de
la rareté de leurs apparitions , soit par leur
figure extraordinaire , souvent effrayante ;
aujourd'hui ce ne sont plus que des planètes
comme les autres , tournant autour du Soleil , et dont les retours peuvent se prédire ,
comme cela est vérifié par la comète de
1759 , qui avait paru en 1682 , et dont on
avait prédit le retour dès 1705.

L'irrégularité de leur mouvement est
purement apparente ; quand on les rapporte
au Soleil , on y trouve les mêmes lois ; la
seule différence est que les orbites des planètes sont presque rondes , et que celles des
comètes sont beaucoup plus alongées , en
sorte que celles-ci s'éloignent beaucoup et
sont long-temps hors de la portée de nos
yeux ; de plus , l'on voit des comètes dans

tous les sens ; la comète de 1759 , la plus
voisine du Soleil , et la seule bien connue
de toutes , est 61 fois plus éloignée dans son
aphélie que dans son périhélie ; elle emploie
environ 76 ans à faire son tour , et nous ne
pouvons l'apercevoir que pendant 6 ou 7
mois.

C'est le mouvement des comètes qui les
distingue des étoiles nouvelles dont nous
avons parlé : car dans celles-ci l'on n'a jamais
remarqué de mouvement propre ; d'ailleurs
la lumière des comètes est toujours faible
et douce ; c'est une lumière du Soleil qu'elles réfléchissent vers nous , aussi bien que
les planètes.

On distingue principalement les comètes
par ces traînées de lumière dont elles sont
souvent entourées et suivies , qu'on appelle
tantôt la chevelure , tantôt la queue de la
comète ; cependant il y a eu des comètes sans
queue , sans barbe , sans chevelure : la comète de 1585 , observée pendant un mois
par Tycho , était ronde , elle n'avait aucun
vestige de queue ; seulement sa circonfé-

rence était moins lumineuse que le noyau ;
comme si elle n'eût eu à sa circonférence que
quelques fibres lumineuses. La comète de
1665 était fort claire, et il n'y avait presque
pas de chevelure ; enfin la comète de 1682 ,
au rapport de Cassini , était aussi ronde et
aussi claire que Jupiter ; ainsi l'on ne doit
point regarder les queues des comètes
comme leur caractère.

Il a paru plus de cinq cents comètes dont
il est fait mention dans les auteurs ; mais il
n'y en a que 94 qu'on ait décrites ou observées jusqu'à cette année 1805 , de manière à
pouvoir les reconnaitre quand elles paraîtront.

Il est arrivé plusieurs fois qu'on a vu plusieurs comètes en même temps , et depuis
1758 , qu'on s'occupe à les chercher, on en
a vu un grand nombre qu'on n'aurait point
aperçues sans le secours des lunettes. Mes-
sier, Mechain , Bouvard et miss Herschel
sont ceux qui en ont le plus découvert.

Les comètes dont l'apparition a été la
plus longue sont celles qui ont paru pen-

dant six mois ; la première, du temps de
Néron, l'an 64 de notre ère ; le seconde,
vers l'an 603, au temps de Mahomet ; la
troisième, en 1240, lors de l'irruption du
grand Tamerlan. De nos jours, la comète
de 1729, a été observée pendant six mois,
depuis le 31 juillet 1729 jusqu'au 21 janvier
1730 ; celle de 1769 pendant près de quatre
mois.

Toutes les comètes paraissent tourner
comme les autres astres, par l'effet du mouvement diurne ; mais elles ont encore un
mouvement propre, aussi bien que les planètes, par lequel elles répondent successivement à différentes étoiles fixes. Ce mouvement propre se fait tantôt vers l'orient,
comme celui des autres planètes, tantôt
vers l'occident, quelquefois le long de l'é-
cliptique ou du zodiaque, quelquefois dans
un sens tout différent et perpendiculairement à l'écliptique.

La comète de 1472 fit en un jour 120 degrés, ayant rétrogradé depuis l'extrémité
du signe de la Vierge jusqu'au commence-

9

ment du signe des Gémeaux ; la comète de
1760 , entre le 7 et le 8 de janvier , changea
de 41 degrés en longitude.

Les anciens n'ont parlé communement de
la grandeur des comètes qu'en faisant attention au spectacle de leur queue ou de leur
chevelure ; cependant il y a des comètes
dont le diamètres semble avoir été très-con-
sidérable , indépendamment de la queue.
Après la mort de Démétrius , roi de Syrie ,
146 ans avant notre ère, il parut une comète
aussi grosse que le Soleil ; celle qui parut
à la naissance de Mithridrate répandait ,
suivant Justin , plus de lumière que le Soleil.

La comète de 1006 était quatre fois plus
grosse que Vénus , et jetait autant de lumière que le quart de la Lune pourrait faire :
cette comète paraît être la même que celle
de 1682 et 1759.

La comète de 1744 , la plus remarquable
qu'il y ait eu depuis un siècle , n'avait pas
un grand diamètre, mais sa queue était très-
étendue et très-lumineuse. Elle fit une sensa-

tion si générale, que les coiffures furent bientôt à la comète ; on jouait à la comète ; et
beaucoup de personnes en parlent encore
comme du phénomène le plus remarquable
qu'elles aient jamais vu. La comète de 1969
avait une queue de 97 degrés, mais elle était
peu lumineuse.

Il y a eu de tout temps des philosophes
persuadés que les comètes étaient des planètes dont le mouvement devait être per-
pétuel et les révolutions constantes. On a
attribué ce sentiment aux anciens Chaldéens:
ce fut du moins celui des Pythagoriciens et
de plusieurs autres, tels que Diogène, Fa-
vorinus et Démocrite, qui, au jugement de
Cicéron et de Sénèque, fut le plus subtil de
tous les anciens philosophes.

Sénèque parle des comètes d'une manière
très-philosophique dans ses *Questions Naturelles*, et il finit par une prédiction très-
remarquable : « Un jour viendra où la pos-
» térité s'étonnera que des choses si claires
» nous aient échappé ; on démontrera dans
» quelle région vont errer les comètes, pour-

» quoi elles s'éloignent tant des autres as-
« tres, quel est leur nombre et leur gran-
» deur. »

Malgré des idées aussi lumineuses sur la
nature des comètes, il s'est trouvé parmi les
anciens et parmi les modernes, jusqu'au
commencement de ce siècle, des auteurs qui
ont cru que les comètes étaient des corps
nouvellement formés et d'une existence pas-
sagère. Tels furent Aristote, Ptolémée, Bâ-
con, Galilée, Tycho, Képler, Riccioli, la
Hire. plusieurs d'entre eux les regardèrent
comme des corps sublunaires, ou des météores de l'atmosphère. Cassini lui-même
avait cru que les comètes étaient formées
par les exhalaisons des autres astres. Comme
ce sentiment avait été celui d'Aristote, ce
fut par conséquent celui qui domina dans
les écoles jusqu'au dernier siècles ; la plupart des astronomes, regardant jusqu'alors
les comètes comme des amas de vapeurs,
ne daignaient pas les observer.

Cependant Tycho-Brahé ayant suivi long-
temps et avec soin la comète de 1577, com-

posa une ouvrage considérable à cette occasion. il trouva qu'on pouvait assez bien représenter ses apparences , en supposant qu'elle avait décrit autour du Soleil une portion de cercle. Faisant voir dans cet ouvrage que les comètes étaient des corps fort élevés au - dessus de la moyenne région , il renversait le système ancien des cieux solides.

Dominique Cassini faisait tourner les comètes autour de la Terre ; Fontnelle en faisait des planètes d'un tourbillon voisin ; Hévélius soupçonna qu'elles décrivaient des paraboles autour du Soleil ; mais Newton ayant reconnu que toutes les planètes tournaient autour du Soleil , en vertu d'une attraction très-puissante et qui s'étendait fort loin , jugea qu'il en devait être de même des comètes, et en ayant fait l'essai sur celle de 1681 , dont le mouvement avait paru très-irrégulier , il vit que cela s'accordait très-bien avec une courbe ovale , de même espèce que celle des planètes , et parcourue avec les mêmes lois.

Les circonstances les plus irrégulières

qu'on avait observées dans son mouvement, et qui avaient fait croire à quelques astronomes que c'étaient deux comètes différentes, devenaient alors une suite réelle de la situation de la Terre par rapport à la comète, et de l'accélération de mouvement qu'une planète doit avoir nécessairement en approchant du Soleil.

Halley, partant de cette théorie, calcula toutes les comètes qui avaient été observées jusqu'alors avec assez d'exactitude et de détail pour qu'on pût en determiner l'orbite ; il trouva que celles de 1531, de 1607 et de 1682, se ressemblaient assez pour qu'on pût soupçonner que c'était une seule et même comète, et qu'elle pourrait reparaître en 1758 ou en 1759. Cette conjecture heureuse, publiée en 1705, s'est vérifiée par le retour de la même comète, dans la même orbite, et nous l'avons tous observée ; en sorte qu'il est hors de doute que les comètes sont véritablement des planètes qui tournent comme les autres autour du Soleil. On la suivit depuis le 25 décembre 1758, jusqu'au 3 de juin 1759.

Cette comète est la seule dont le retour soit certain; il pourrait se faire que les autres ne revinssent jamais.

~~~~~~~~~~~~~~~~~~~~~~~~

# CHAPITRE XIV.

## *De la figure des Planètes.*

QUAND on regarde la Lune avec un télescope, on y aperçoit distinctement des montagnes; car on y voit des points lumineux qui débordent la partie éclairée , qui par conséquent reçoivent la lumière du Soleil par-dessus le reste, ce qui indique qu'ils sont plus élevés. On juge même de leur élévation par la quantité dont il sont séparés du reste de la lumière ; on en a mesuré d'une lieue ; c'est bien plus à proportion que sur la Terre , puisque celle-ci , quatre fois plus large que la Lune , n'a cependant pas de montagnes plus élevées que trois mille deux cent dix-sept toises; ce n'est pas une lieue et demie en hauteur perpendiculaire.

Ces différentes montagnes de la Lune, semées irrégulièrement sur sa surface, lui donnent une figure que l'on prendrait à la vue simple pour une espèce de visage, mais qui n'y ressemble en aucune façon; quand on la regarde mieux ou qu'on la voit dans une lunette.

On représente aussi le Soleil comme ayant une espèce de figure humaine; mais c'est sans aucun fondement. D'autres figures le représentent comme parsemée de volcans ou de bouillons écumeux; mais dans la réalité nous n'y voyons qu'une surface jaune et unie, sur laquelle paraissent seulement de temps en temps plusieurs points noirs qu'on appelle les taches du Soleil; ce sont peut-être les écumes ou les scories de cet immense fourneau, ou bien le noyau solide et masif du Soleil, recouvert par une couche fluide qui a peu de profondeur, et laisse paraître de temps en temps ses éminences et ses montagnes sous la forme de ces points noirs.

Ces taches du Soleil furent découvertes en

1611 ; aussitôt qu'on eut trouvé les lunettes d'approche ; il y en a quelquefois qui sont assez grandes pour être distinguées sans lunettes. Mais pour regarder le Soleil, il faut toujours un verre noirci sur la fumée d'une chandelle ; c'est une précaution essentielle pour la vue. Au moyen de ces taches, on a reconnu que le Soleil tourne sur son axe en vingt-cinq jours et demi.

On a vu sur le Soleil des taches qui ont subsisté plusieurs mois en continuant de tourner avec lui ; mais pour l'ordinaire elles changent de figure et disparaissent totalement avant que le Soleil ait fait un tour entier lui-même. Le mouvement de rotation du Soleil suppose nécessairement un mouvement de translation, et un déplacement du Soleil accompagné de toutes les planètes qui tournent autour de lui.

On voit, sur la surface de Jupiter, plusieurs bandes claires qui sont sujettes à augmenter ou à diminuer, et que l'on regarde comme des mers étendues tout autour de son globe et dans la direction de son mouvement de rotation ; on y distingue aussi de petits points ; ils ont fait apercevoir le mouvement de rotation que Jupiter a sur son axe, et qui est beaucoup plus rapide que celui de la Terre, puisqu'il s'achève en moins de dix heures. Cela produit dans cette planète une force centrifuge beaucoup plus grande que celle de la Terre ; aussi Jupiter est-il beaucoup plus aplati.

On distingue également des taches sur le disque de Mars ; elles sont beaucoup moins apparentes, mais elles ont suffi pour s'assurer qu'il tourne aussi sur son axe, dans l'espace de vingt quatre heures trente-neuf minutes. Saturne tourne en dix heures un quart.

On ne sait pas s'il y a une rotation pareille dans Mercure et Vénus, parce que l'on n'y distingue point de taches par lesquelles on puisse s'en assurer. Cependant Cassini a cru que celle de Vénus est de vingt-quatre.

L'anneau de Saturne est la chose la plus singulière que la découverte des lunettes nous ait fait apercevoir ; c'est une couronne large et mince qui environne Saturne sans le toucher ; elle est ronde , mais nous paraît sous une forme ovale à cause de l'obliquité, c'est - à - dire , parce que nous la voyons toujours de côté , et jamais en face. Aussi la compare-t-on à un chapeau de cardinal , ou à un bassin à barbe , dans le milieu duquel serait une très-grosse savonnette. Comme cet anneau est très-mince , nous ne le distinguons point lorsqu'il nous présente son tranchant ou épaisseur, et Saturne nous paraît rond, ce qui arrive tous les quinze ans , quand Saturne se trouve dans les deux parties de son orbite où l'anneau s'étend directement vers nous : cela est arrivé en 1789. Cet anneau a 67 mille lieues de diamètre ; il y a neuf mille cinq cent lieues d'intervalle entre lui et Saturne, et autant pour la largeur de l'anneau tout autour. On a de la peine à se figurer ce vaste pont qui se soutient sans piliers ; mais comme toutes ses parties tendent à-la-fois par leur pesanteurs vers Saturne , elles s'arc-boutent mutuellement en sorte qu'aucune ne peut descendre , étant serrée par celles qui l'avoisinent ; d'ailleurs il tourne aussi sur son axe , et cela suffit pour le soutenir en l'air.

Un télescope de trente-deux pouces , qui coûte environ dix louis , ou une lunette simple de dix-huit pieds , qui n'en coûte pas quatre , suffisent pour voir ce qu'il y a de plus singulier dans le ciel : les montagnes de la Lune , les satellites de Jupiter et ses bandes , les phases de Vénus , les taches du Soleil , l'anneau de Saturne , la nébuleuse d'Orion , les noyaux des comètes. C'est là ce que l'on fait voir aux dames lorsqu'elles vont dans un observatoire. Quant aux étoiles , il est inutile d'y employer de bonnes lunettes : elles ne paraissent que comme de très-petits points , même avec les lunettes ou avec les télescopes qui grossissent deux cents fois , parce qu'elles sont si éloignées et paraissent si petites , que , malgré l'amplification de la lunette , on ne peut y remarquer autre chose qu'un petit point lumineux. Mais l'avantage des lunettes à cet égard consiste à nous faire voir des milliers d'étoiles dont on ne se douterait pas à la vue simple. J'en ai déjà cinquante mille de déterminées sur l'horizon de Paris et il y en a bien le double que l'on peut voir avec une lunette de sept à huit pieds.

# CHAPITRE XV.

## De la pluralité des Mondes.

LA ressemblance que l'on a vue dans les articles précédens, entre les planètes et la Terre, est ce qui a fait admettre la pluralité des mondes. C'est une idée séduisante, que Fontenelle mit fort à la mode de son temps, mais qui est très-ancienne. Les Pythagoriciens et les Épicuriens soutenaient autrefois que les astres étaient autant de mondes comme le nôtre, c'est-à-dire habités comme la Terre, et qu'il y en avait même une infinité d'autres hors de la portée de notre vue. Aujourd'hui nous devons distinguer les étoiles des planètes; nous ne pouvons comparer qu'avec le Soleil toutes les étoiles qui ont évidemment une lumière propre, et nous ne saurions supposer qu'il y ait des êtres organisés dans les feux qui doivent détruire toute organisation. Mais ces Soleils ont des planètes comme celles de notre système, et ces planètes peuvent être habitées.

« Supposons, dit Fontenelle, qu'il n'y
» ait jamais eu nul commerce entre Paris
» et Saint-Denis, et qu'un bourgeois de
» Paris qui ne sera jamais sorti de sa ville
» soit sur les tours de Notre-Dame et voie
» Saint-Denis de loin ; on lui deman-
» dera s'il croit que Saint-Denis soit habité
» comme Paris ; il répondra hardiment que
» non : car, dira-t-il, je vois bien les
» habitans de Paris, mais ceux de Saint-
» Denis je ne les vois point, et on n'en a
» jamais entendu parler ; il y aura quel-
» qu'un qui lui representera qu'à la vérité,
» quand on est sur les tours de Notre-Dame,
» on ne voit pas les habitans de Saint-De-
» nis, mais que l'éloignement en est
» cause ; que tout ce qu'on peut voir de

» Saint-Denis ressemble fort à Paris ; que
» Saint-Denis a des clochers, des maisons,
» des murailles ; et qu'il pourrait bien en-
» core ressembler à Paris pour ce qui est
» d'être habité. Tout cela ne gagnera rien
» sur notre bourgeois ; il s'obstinera tou-
» jours à soutenir que Saint-Denis n'est point
» habité, puisqu'il n'y voit personne. Notre
» Saint-Denis c'est la Lune, et chacun de
» nous est ce bourgeois de Paris qui n'est
» jamais sorti de sa ville. »

Nous voyons sept planètes autour du Soleil, la Terre est la troisième; elles tournent
toutes les sept dans des orbites elliptiques ;
elles ont un mouvement de rotation comme
la Terre ; elles ont comme elles des taches,
des inégalités, des montagnes ; et il y en a
quatre qui sont des satellites, et la Terre en
est une ; Jupiter est aplati comme la Terre ;
enfin il n'y a pas un seul caractère visible
de ressemblance qui ne s'observe réellement
entre les planètes et la Terre : est-il naturel de supposer que l'existence des êtres vi-
vans et pesans soit restreinte à la Terre ? Sur

quoi serait fondé ce privilège, si ce n'est peut-être sur l'imagination superstitieuse et timide de ceux qui ne peuvent s'élever au-delà des objets de leurs sensations immédiates ?

Aussi Buffon ne fait aucune difficulté de calculer l'époque à laquelle les planètes ont dû commencer d'être habitées, lorsque après une longue incandescence, elles ont commencé à s'éteindre et à se refroidir ; il trouve qu'il a fallu trente-quatre mille ans à la Terre pour devenir habitable ; qu'elle a pu l'être depuis quarante-un mille ans, et que dans quatre-vingt-treize mille le refroidissement sera tel que la Terre congelée sera incapable d'entretenir aucune organisation ni aucune végétation.

Il n'en est pas de même, suivant Buffon, de Jupiter, qui, beaucoup plus gros que la Terre, conserve aussi bien plus long-temps sa chaleur ; il ne commencera que dans trente-quatre mille ans à pouvoir être habité, mais il conservera une chaleur suffisante pendant trois cent soixante et quatorze mille ans.

Ceux qui sont accoutumés à regarder le Soleil comme la cause de la chaleur que nous éprouvons sur la Terre, auront de la peine à concevoir ce refroidissement total ; mais de Buffon, ainsi que Mairain, ont donné de fortes raisons pour croire que la chaleur de la Terre vint du centre même de notre globe, et que celle du Soleil n'est qu'une très-petite partie de la chaleur que nous éprouvons, et dont nous avons besoin pour subsister. En effet, la chaleur du Soleil pénètre si peu la Terre que, dans les caves comme celles de l'Observatoire, on ne s'aperçoit pas de la chaleur de l'été ni du froid de l'hiver : le thermomètre y est toujours à 10 degrés.

Mais le système de la pluralité des mondes part d'un principe que d'autres philosophes n'admettent point ; c'est que la Terre a été faite pour être habitée, ou du moins que ses habitans en font la première utilité et le mérite principal ; d'où la plupart des philosophes concluent que les planètes ne serviraient à rien si elles n'étaient pas habitées ; idée peut-être trop étroite et trop présomptueuse. Que sommes-nous , peut-on leur dire , en comparaison de l'Univers ? en connaissons-nous l'étendue , les propriétés , la destination, les rapports ? et quelques atomes d'une si frêle existence peuvent-ils intéresser l'immensité de ce grand tout ; ou ajouter quelque chose à la perfection , à la grandeur et au mérite de l'Univers ? Aussi d'Alembert , traitant cette question dans l'Encyclopédie , finit par dire : « On n'en sait rien. »

# CHAPITRE XVI.

## Du Flux et du Reflux de la mer.

LA cause des marées étant purement astronomique , il est naturel d'en faire ici un article. Le flux et le reflux de la mer est un des phénomènes les plus frappans de l'attraction. Tous les jours au passage de la Lune par le méridien , ou quelque temps après, on voit les eaux de l'Océan s'élever sur notre rivages : on a vu à Saint-Malo cette élévation aller jusqu'à cinquante pieds. Parvenues à cette hauteur ; les eaux se retirent peu-à-peu , et environ six heures après leur plus grande élévation , elles sont à leur plus grand abaissement ; après quoi elles remontent de nouveau lorsque la Lune passe à la partie inférieure du méridien , en sorte que la haute mer et la basse mer, le *flot* et le *jusant*, s'observant deux fois le jour , et retardent chaque jour de quarante-huit minutes , plus ou moins , comme le passage de la Lune au méridien.

Le second phénomène consiste en ce que les marées augmentent sensiblement au temps des nouvelles Lunes et des pleines Lunes , ou un jour et demi après , et l'augmentation est surtout très-sensible quand la Lune est plus près de la Terre , et qu'elle attire avec plus de force.

Les corps terrestres solides sont bien attirés également par la Lune ; cependant ils ne changent pas de place , parce qu'une petite diminution de pesanteur ne suffit pas pour les déplacer ; mais on sent que la Lune , passant au méridien, peut soulever les eaux de la mer, et y faire comme une bosse ou une pointe.

On a plus de peine à comprendre comment il s'en fait une du côté opposé; mais comme les eaux montent d'un côté, parce qu'elles sont attirées plus que la Terre, elles montent de l'autre côté, ou plutôt elles restent en arrière, ce qui produit le même effet par rapport à nous que si elles s'élevaient. Supposons, par exemple, une espèce de déplacement de la Terre qui serait de cinq pieds pour le centre, de sept pieds pour les eaux qui sont du côté du Soleil, et de trois pieds seulement pour celles qui lui sont opposées; je l'appelle déplacement relativement à l'état où serait la Terre avec les eaux, si tout était attiré avec la même force; alors les eaux paraîtront s'élever de deux pieds par rapport à la Terre, soit d'un côté, soit de l'autre, c'est-à-dire vers la Lune, et vers le côté qui lui est opposé.

Le Soleil cause une partie de l'élévation des marées; voilà pourquoi elles sont plus grandes dans les nouvelles et les pleine Lunes, parce qu'alors les deux astres attirent ensemble et produisent le même effet : mais quand la Lune est en quartier le soleil détruit environ un tiers de son effet. Par exemple, à Brest, les marées moyennes sont de 18 pieds 3 pouces dans le premier cas, et de 8 pieds 5 pouces dans le second ; ainsi le Soleil produit 4 pieds 11 pouces de marée, et la Lune 13 pieds 4 pouces.

Mais l'effet de la Lune augmente de deux pieds et demi quand elle est la plus près de la Terre, et diminue d'autant quand elle est à son plus grand éloignement ; ce qui augmente quelquefois d'autant les grandes marées et diminue les petites. On a vu la marée aller même jusqu'à 23 pieds à Brest, mais alors c'est un effet du vent, qui déplace et transporte la masse totale des eaux d'environ un pied et demi plus haut ou plus bas que l'état naturel de la mer en temps calme. Comme le vent d'ouest est ordinairement très-fort à la fin de mars et de septembre, les marées des équinoxes sont réputées les plus fortes de toutes en Europe.

Les circonstances locales produisent de grandes différences dans les marées : elles ne sont que de trois pieds dans les mers libres ; Mais elles vont beaucoup plus haut, comme je l'ai dit à Saint-Malo, parce que les eaux y sont retenues par un canal trop étroit, arrêtées, dans un golfe, et réfléchies ou repercutées encore par les côtes d'Angleterre.

Des circonstances pareilles font que la pleine mer n'arrive pas dans le temps même où la Lune est au plus haut du ciel ou le plus près de notre tête. Le frottement des côtes et du fond de la mer, la ténacité et l'adhérence des parties de l'eau sont autant d'obstacles qui la retardent. Au cap de Bonne-Espérance, il faut deux heures et demie pour que la mer soit à son plus haut : sur les côtes de Gascogne trois heures ; à Saint-Paul de Léon en Bretagne quatre heures ; à Saint-Malo six heures ; au Havre de Grâce neuf heures, à Boulogne onze heures, à Dunkerque et à l'embouchure de la Tamise douze heures ; en sorte que le jour de la nouvelle Lune, la pleine mer qui devait arriver à midi arrive à minuit, parce qu'il a fallu douze heures à l'Océan pour se répandre sur les côtes, pour franchir la Manche ou le détroit de Calais, et arriver à Dunkerque. Le flot fait environ vingt lieues par heure sur nos côtes.

Quand on a une fois l'heure de la pleine mer pour le jour de la nouvelle Lune et de la pleine Lune ; il est facile de l'avoir pour tous les jours suivans, puisqu'on sait qu'elle retarde comme la Lune de trois quart-d'heure par jour.

Les marées sont moins sensibles dans les petites mers, parce que le volume d'eau ne suffit pas pour en rassembler de loin une quantité qui soit remarquable. L'effet de la Lune étant très-petit sur chaque partie, il en faut une grande quantité pour que l'effet soit sensible. A Toulon, qui est sur la mer Méditerrannée, il n'y a qu'environ en pied de marée ; elle arrive trois heures après la passage au méridien ; mais pour peu que le vent soit fort il produit des différences plus grandes que l'effet des marées, et les rend méconnaissables : aussi dit-on en général qu'il n'y a point de marée dans la mer Méditerrannée. Cependant au fond du golfe Adriatique, où les eaux sont arrêtées et obligées de s'élever, on aperçoit très-bien l'effet de la marée deux fois le jour, comme je l'ai raconté dans mon *Voyage d'Italie*, et dans mon grand *Traité du flux et du reflux de la mer*.

# CHAPITRE XVII.

## De l'explication des Fables par le moyen des Étoiles et du Soleil.

C'EST une chose bien propre à exciter la curiosité pour l'astronomie, que de voir l'usage qu'on en a fait chez tous les peuples du monde ; ainsi nous croyons devoir en présenter ici une idée, en faisant voir que les religions payennes, et les fables les plus célèbres, sont des allégories astronomiques, ainsi que l'a démontré Dupuis, de l'académie des inscriptions et belles-lettres.

L'origine des constellations paraît être relative à la vie des anciens pasteurs, et pour ainsi dire un calendrier rural de l'Égypte.

Il y a quatre constellations qui se lèvent au temps des moissons, et l'on y trouve en effet une jeune fille qui tient un épi, accompagnée de son père qui tient lui-même une faucille ( le Bouvier ), et qui est précédé d'un attelage de bœufs ( la grande Ourse ), et entre eux une gerbe de blé ( la chevelure de Bérénice ) ; il serait difficile que des figures jetées au hasard eussent entre elles une liaison aussi intime et des rapports si marqués avec la moisson égyptienne à cette époque. De même le Verseau et les Poissons indiquèrent la saison du débordement du Nil et de l'inondation de l'Égypte. Mais ces noms, une fois données aux différentes étoiles, occasionnèrent ensuite tous les romans que l'imagination des Orientaux se plut à enfanter. Ainsi le Soleil, considéré comme la force de la nature, et passant successivement dans les douze signes du Zodiaque, fit imaginer les douze travaux d'Her-

cule dont nous parlerons bientôt ; l'histoire
d'Adonis répond au Soleil ; l'histoire de
Pluton n'a été calquée que sur la constellation du Serpentaire, qui paraît quand le
Soleil descend vers le midi, et celle de Proserpine sur celle qu'on appelle aujourd'hui
la Couronne. Celle-ci offre surtout un exemple bien singulier de la complication de
ces anciens romans. On trouve dans les auteurs de mythologie, que Jupiter, amoureux de Cérès, se métamorphose en taureau ; il en naît Proserpine ; Jupiter est
ensuite amoureux de Proserpine, et pour
s'unir à elle, il se métamorphose en serpent;
enfin de ce nouveau mariage il en naît un
taureau. En voici l'explication.

Cérès est la constellation de la Vierge,
Proserpine celle de la Couronne ; au printemps, le signe du Taureau se couche au
même endroit que celui de la Vierge, dans
le temps même que les constellations de la
Couronne et du Serpent se lèvent : six mois
après, ces constellations se couchent le soir
ensemble, dans le temps que le Taureau

commence à se lever ; c'est ainsi que Proserpine et le Serpent donnent naissance au Taureau : ce sont ces générations monstrueuses que l'on n'avait jamais comprises , mais que l'astronomie explique de la manière la plus heureuse et la plus évidente.

L'on a dit que Proserpine était six mois aux enfers et six mois dans le ciel, cela vient de ce que la même constellation qui, par son lever du matin , déterminait le passage du Soleil aux régions australes et à l'hémisphère inférieur, déterminait six mois après, par son lever du soir, le retour de cet astre vers nos régions septentrionales , et annonçait son passage dans les derniers degrés du Belier , lorsque l'astre du jour ramenait la lumière dans nos climats ; alors elle présidait à l'hémisphère supérieur ou boréal, règne de la lumière, c'est-à-dire que Proserpine montait au ciel.

Toute l'histoire de Minerve est une allégorie de la lumière , et les constellations voisines du Bellier ont formé tous les attributs de cette divinité.

Janus, qui présidait à l'année, et qui portait les clefs du Temps, est l'épi de la Vierge, étoile qui se levait à minuit le premier jour de l'an, et qui ouvrait l'année; voilà pourquoi on faisait de Janus le portier du ciel. On lui donnait quatre visages, parce qu'il répondait aux quatre saisons: les constellations qui se lèvent en même temps formaient la famille ou les attributs de Janus; on y remarque le vaisseau qui l'accompagnait toujours; le Bouvier ou Icare, qui était grand-père de Janus: la Vierge, ou Érigone qui était sa mère, suivant Plutarque: ses frères *Faustus* et *Félix* expriment les souhaits de bonne année, dont l'usage subsiste encore. *Journal des Savans*, janvier 1786.

Phaéton est la constellation du Cocher, effrayé par le Scorpion, il tomba dans l'Éridan, parce que le Cocher se couche le matin avec la constellation de l'Éridan quand le Soleil est dans le signe du Scorpion.

J'ai dit que les douze travaux d'Hercule

avaient été imaginés d'après les douze signes du Zodiaque. En effet, le combat d'Hercule contre les Amazones répond au Belier, parce que quand le Soleil y est, la constellation d'Andromède entre dans les rayons du Soleil et que celle de la Vierge se couche le matin. De là Hercule partit pour la conquête de la toison d'or, c'est-à-dire que le soleil entrait dans le Taureau ; ou pour la conquête des vaches de Géryon, parce que c'était le lever de la grande Ourse, qu'on appelle aussi les bœufs d'Icare.

Le triomphe d'Hercule sur le chien Cerbère répond à l'entrée du Soleil dans les Gémeaux, qui est le temps où se couche Procyon ou le petit chien.

Le voyage d'Hercule en Hespérie, c'est-à-dire au couchant, où il fut pour enlever des brebis à la toison d'or, est le temps où se couchait le soir la constellation de Céphée (anciennement on y mettait un berger avec un troupeau de brebis ) ; elle est placée sur celle du Dragon, et voilà pourquoi Hercule eut à combattre le dragon qui gardait les Hespérides.

L'entrée du Soleil au signe du Lion répond à la victoire d'Hercule sur le Lion de Némée.

Le coucher de l'Hydre céleste, qui vient après, a fait son triomphe sur l'Hydre de Lerne.

Le combat contre les Centaures exprime le lever du Centaure céleste, qui arrive quand le Soleil est dans la Balance.

Hercule, qui chasse les oiseaux du lac Stymphale, est l'entrée du Soleil dans le Sagittaire, marquée par le lever du Vautour, de l'Aigle et du Cygne, oiseaux célestes. Il nettoie ensuite les étables d'Augias ; c'est le coucher des étoiles du Verseau qui sont sous le Capricorne, ou le Bouc, emblème de la saleté et de l'infection.

Le combat d'Hercule contre le taureau de Crète, est l'allégorie du coucher de la constellation du Centaure, moitié homme, moitié taureau.

Enfin il dompte les cavales de Diomède qui vomissaient des feux, parce que quand

le Soleil est dans les Poissons, les constellations de Pégase et du petit Cheval se lèvent
le matin avant le Soleil ; aussi Hercule les
conduisit sur le mont Olymphe, comme des
chevaux célestes.

Les fables de Pluton, de Sérapis et d'Es-
culape, sont faites sur la constellation du
Serpentaire ou Ophiucus, qui annonçait le
passage du Soleil dans les signes inférieurs ;
le Génie solaire était Jupiter au printemps,
et Pluton en hiver. Cerbère, le chien de
Pluton, est l'étoile du Chien, qui se couche
au lever du Serpentaire ; et indique la même
époque. Nous parlerons du monstre à trois
têtes, de chien, de lion et de loup.

En Égypte, le taureau ou le bœuf Apis
était sacré, et il portait toutes les marques
de la génération. Pomponius Méla dit que
c'est le Dieu de toutes les nations. Les fêtes
de Bacchus étaient les mystères du Taureau.
C'est à côté d'un homme qui avait des pieds
et des cornes de taureau, qu'on plaçait l'œuf
orphique qui contenait tout et produisait
tout.

Au Japon, on plaçoit l'œuf entre les cornes du taureau.

Suivant les Perses, tout est sorti du Taureau; il est le principe visible de tous les biens. On le place à côté de Mithras.

Dans l'Inde, le portier du ciel est représenté avec une tête de taureau, et le bœuf est consacré dans toutes les pagodes indiennes.

Les Juifs adoraient le veau d'or; les Celtes juraient sur leur Taureau d'airain.

Dans les Dionysiaques de Nonnus, Bacchus, ou le Soleil, part du Taureau, et y revient à la fin du poëme; en sorte que les aventures de Bacchus, contenues dans ce poëme de plus de vingt mille vers, ne sont autre chose que le mouvement annuel du Soleil.

Suivant Macrobe, Bacchus passait pour être la force qui meut la matière, l'intelligence qui l'organise, l'âme qui se distribue dans toutes ses parties, la meut et l'anime, et imprime une force harmonique au ciel ou aux sept sphères. L'on aperçoit dans différens auteurs que tous les grands dieux du paganisme se réduisent tous à la seul force motrice de la matière et à l'âme du monde, qu'on exprimait sous des noms, des formes et des attributs différens. Bacchus, ou le Taureau, était tantôt Lion, tantôt Serpent, suivant les diverses constellations vers lesquelles passait le Soleil. Le combat de Jupiter contre le géant Typhon, aux pieds du Serpent, finit dans le poëme de Nonnus, avec l'hiver; l'ordre est rétabli, la paix est rendue à la nature. En effet, le Serpent céleste, Génie de l'hiver, se couche alors le matin; le Taureau se lève avec Orion qui avait péri par la piqûre du Scorpion, autre constellation qui annonce l'hiver.

Le poëte nous dit qu'après le déluge Bacchus naquit des foudres de Jupiter; ce déluge était l'image des pluies de l'hiver, auxquelles succédait le règne du feu, c'est-à-dire, le printemps; alors Bacchus s'incarnait en Taureau, attribut de ce dieu; il marchait contre Astréus, général indien, campé sur le bord du fleuve Astacus, qui signifie l'É-

e revisse ; c'était le signe où entrait le Soleil
un mois après être sorti du Taureau , et son
riomphe était à la plus grande hauteur du
Soleil au solstice d'été; c'est-à-dire, dans le
Lion; il découvrit le Lion à l'aide d'un chien,
parce qu'en effet la constellation de Chien
annonçait par son lever l'entrée du Soleil
dans le Lion.

Dans le solstice d'hiver , on nous représente Bacchus métamorphosé en enfant ;
aussi les Égyptiens représentaient sous cette
forme le Soleil dans le temps où les jours
sont les plus courts. Dans l'équinoxe d'automne , Bacchus devient le dieu de la vigne,
parce que le Soleil la fait mûrir dans cette
saison. Icare, père d'Érigone , est celui
qui le premier re... du vin , parce qu'Érigone , qui est la constellation de la Vierge,
et Icare , qui est celle du Bouvier , paraissent le soir dans cette saison? Il est ensuite
amoureux d'Ariane ; c'est l'étoile de la
Couronne qui vient après les deux autres ,
en sorte que l'histoire de Bacchus n'est que
la suite des constellations.

L'histoire de Phaëton est également faite d'après le mouvement du Soleil. Ce n'est autre chose que la constellation du Cocher, qui, par son lever héliaque, marquait l'équinoxe du printemps, le retour de la chaleur, le regne de la lumière et du feu ; or la chaleur était l'embrassement général de l'univers pour les poëtes, comme les pluies de l'hiver en étaient le déluge. Phaëton était fils de Climène, qui signifie inondée, parce que cette constellation commençait à paraître après les inondations. Cette nymphe épousa le Soleil ; les nymphes de l'Océan prirent soin de Phaëton ; toutes les étoiles faisaient la garde autour de son berceau : l'Océan, pour amuser cet enfant, le jetait en l'air et le recevrait ensuite dans son sein ; devenu plus grand, il se faisait un petit char, auquel il attelait des beliers, et au bout du timon il avait mis une espèce d'étoile qui ressemblait à l'étoile du matin, dont il était lui-même l'image, suivant Nonnus, qui donne aussi à Phaëton le nom de Porte-Lumière. Le lever héliaque de cette constellation arrivait à l'équinoxe, temps où

l'on célébrait en Égypte une fête en mémoire de l'embrasement du globe.

Pendant tout le temps que dure le règne
du feu, c'est-à-dire, tout l'été, le Cocher se
trouve le matin sur l'horizon avec le Soleil,
jusqu'à ce qu'enfin le Soleil, après s'être
approché le plus près du nord regagne l'é-
quateur, et arrive à l'équinoxe d'automne
vers le Scorpion ; c'est le terme de la chaleur et de la course de Phaëton, qui alors se
couche le matin, et disparait sous l'horizon
avant le lever du Soleil : c'est précisément
la route que suit Phaëton dans la description
qu'Ovide nous fait de ses écarts. Il s'avance
vers le nord, et brûle de ses feux l'Ourse,
le Dragon et le Bouvier, et enfin revient au
Scorpion, dont la vue effraie ses chevaux
qui se précipitent et s'approchent de la
Terre. Le jeune Phaëton, foudroyé, périt
et tombe dans l'Eridan. C'est la constellation dont le coucher précède de peu de minutes celui de Phaëton, ou du Cocher, qui
est au-dessus.

Cette apparence astronomique, le coucher du Génie du printemps , accompagné de l'Éridan , qui se fait le matin , lorsque le Soleil parcourt les étoiles du Scorpion , ont donné naissance à la fable du jeune fils du Soleil dont on pleurait la chute en Italie comme on pleurait la mort d'Osiris en Égypte , et d'Hercule en Syrie. Plutarque , qui ignorait la cause d'un pareil deuil, trouvait cette cérémonie bien singulière. Il est ridicule , dit-il , que des hommes nés tant de siècles après la mort de Phaëton changent de vêtement, et annoncent de la tristesse pour sa perte. Effectivement il serait difficile de rendre raison d'un deuil qui se serait perpétué si long-temps , s'il n'avait pour origine quelque objet remarquable pour l'univers , consacré par des cérémonies religieuses.

Le coucher de la constellation du Cocher est suivi du lever du Cygne , qui figure aussi dans l'histoire de Phaëton. Le lever du soir des Pléiades se fait dans le même mois que le coucher du matin du Cocher ; or , les Pléiades étaient sœurs de Phaëton , et c'étaient

des nymphes des eaux ; elles pleurèrent sa
mort , et furent changées en peupliers , qui
sont des arbres aquatiques ; en sorte que l'allégorie des pluies est encore ici soutenue :
au reste , le poëte ajoute que Jupiter envoya
aussitôt des torrens de pluie pour réparer
les malheurs de la Terre et en détremper
les cendres brûlantes , que Phaëton fut placé
au ciel dans la constellation du Cocher , ou
que Jupiter le mit dans les constellations
sous le nom et la forme d'un conducteur de
char , ainsi que le fleuve Éridan , dans lequel
il avait péri.

Le Scorpion , qui figure dans cette fable ,
est représenté dans un ancien monument de
Mithras , dieu des Perses , comme dévorant
les testicules du Taureau équinoxial ; c'est
celui qui fit périr Orion , qui fit mourir Ca-
nopus , étoile du gouvernail du vaisseau d'O-
siris, ou allégoriquement pilote du vaisseau.
C'est à l'entrée du dix-septième degré du
Scorpion que les Égyptiens fixaient l'époque
de la mort d'Osiris ; c'est lui qui , dans
l'Edda , livre sacré des anciens peuples du

nord, figure à côté du Serpent et du Loup qui ont pour sœur Héla ( ou la mort ) et dévorent le Soleil. Ainsi tous les accessoires de la fable de Phaëton, et toutes les théogonies qui s'y rapportent, indiquent également la fin des chaleurs et de la végétation, ou le deuil de la nature.

Le culte des animaux dans l'antiquité a donné lieu souvent de calomnier les usages anciens, parce qu'on en ignorait l'origine et la signification ; c'est encore une des applications curieuses de l'astronomie ; on voit évidemment que le Taureau, qui était consacré partout, n'est autre chose que la constellation de l'équinoxe ; le Bélier, l'Agneau de Dieu, est le symbole de J.-C. Dans l'Apocalypse, le triomphe du printemps sur l'hiver, est celui de J.-C. sur le péché, page 198. Le Chien, ou Mercure Anubis, était l'étoile Sirius, qui annonçait les moissons et les chaleurs de l'été. L'étoile du poisson austral, qui servit au même usage, fut encore en plus grande vénération chez les Syriens; c'était l'idole de Dagon, dieu des blés et dieu-

poisson, ce qui faisait que les Syriens adoraient une statue de poisson. Plutarque nous
dit aussi que les Égyptiens honoraient un
poisson sacré qui sortait de la mer au moment
du débordement, et dont la vue était pour
eux l'annonce agréable d'une crue d'eau
qu'ils désiraient. C'est l'étoile du Poisson
austral, qui se levait alors ; elle avait l'avantage de déterminer le solstice par son lever
du soir et son coucher du matin le même
jour : la durée de son apparition mesurait
celle de la plus courte nuit de l'année : elle
se levait au moment ou le crépuscule affaibli
permettait aux étoiles de paraitre, et se couchait aux premiers rayons du jour. Cette
circonstance singulière de la retraite et du
retour du génie qui guidait la marche de la
nuit donna lieu à la fable du Mercure Oan-
nes, animal amphibie, qui avait des pieds et
une voix d'homme, et une queue de poisson.
Il venait, nous dit la fable, pendant la nuit
à Memphis, et le soir se trouvait encore à la
mer Rouge, et répétait tous les jours la
même course. Il avait instruit les Égyptiens,

et ils tenaient de lui leur astronomie et plusieurs autres sciences. D'après la fonction de génie de l'année, d'étoile du Nil, et d'astre avant-coureur des eaux, il n'est pas étonnant que les Égyptiens lui aient fait honneur de leurs connaissances, comme ils en faisaient honneur à Sirius, leur Mercure Anubis, génie de l'équinoxe du printemps.

Le retour de ce poisson à la mer Rouge, vers laquelle il revenait chaque soir, s'explique fort simplement par son retour à l'orient de l'Égypte et à la mer Érythrée, d'où il semblait sortir le soir, apres avoir disparu le matin au couchant. Le poisson austral se levait au sud-est de l'Égypte, au même point de l'horizon où l'habitant de Memphis plaçait là mer Rouge. Il serait d'autant plus difficile de donner de la réalité à cette tradition, qu'il n'y a pas de fleuve qui forme une communication entre Memphis et la mer Rouge; mais l'allégorie est évidente en employant le poisson céleste.

Les principaux points de l'année, les équinoxes et les solstices, étaient exprimés aussi par quatre génies, ou quatre figures symboliques, qui n'étaient autre chose que les constellations ; il en est parlé dans Job et saint Clément d'Alexandrie, et l'on s'en est servi pour accompagner les quatre évangélistes, avec lesquels on peint en effet le Taureau, le Lion, l'Aigle et le Verseau sous la figure d'un homme. Page 199.

La Chimère que l'on voit dans la fable de Bellérophon est un monstre ou composé astronomique formé par la Chèvre et le Serpent, dont les levers annonçaient le printemps et l'automne, unis au Lion qui était le signe solsticial.

Le monstre qui avait trois têtes, de chien, de loup et de lion, était un emblème de même espèce, composé des constellations de la route du Soleil dans les signes supérieurs, et annonçait le passage du Soleil dans les signes inférieurs ; aussi il était placé près du génie des enfers : il marquait les trois principaux points de la sphère, le levant où était le Loup, le couchant où était le Chien, et le méridien où était le Lion solsticial, lorsque le Soleil se levait en automne. Le chien des enfers, Cerbère, avait aussi la tête hérissée de serpens, parce que la constellation de l'Hydre se trouve placé au-dessus de celle du Chien; il figure dans la descente d'Hercule aux enfers, parce que quand le Soleil est dans cette partie du ciel, la constellation d'Hercule approche de l'horizon inférieur, et que même sa massue et son bras sont couchés lorsque le Soleil parcourt les derniers degrés des Gémeaux, ou pendant l'onzième travail d'Hercule.

Tous ces exemples rendent l'explication astronomique des fables aussi certaine que curieuse. Elle est d'ailleurs indiquée par les anciens : Lucien, dans son traité de l'Astrologie, nous dit en propres termes que, d'après les ouvrages d'Homère et d'Hésiode, les fables anciennes viennent de l'Astrologie, et qu'on n'a pas tiré d'ailleurs l'aventure de Mars surpris avec Vénus. Hésiode appelle les dieux enfans de la Terre et du Ciel étoilé, nés du sein de la nuit, et alimentés par les eaux de l'Océan : où l'on disait en effet que les astres descendaient tous les jours. Jamblique nous dit que Cheremon, prêtre d'Égypte, et plusieurs autres ne voyaient dans tout ce qu'on disait d'Isis et d'Osiris, et dans toutes les fables sacrées, que les mouvemens du Soleil et des étoiles, les phases de la Lune, l'hémisphère supérieur et inférieur, enfin des choses naturelles, mais non des personnages qui eussent existé.

Enfin il paraît que les créateurs des anciennes religions furent les astronomes, et l'on retrouve tous leurs symboles dans les constellations, ou dans les mouvemens du Soleil et les circonstances de l'année.

On trouve également dans les étoiles l'explication de l'Apocalypse, commenté tant de fois, sans que personne l'ait compris; c'est le sermon mystique de la veille de Pâques, dans les mystères de la lumière : ils se célébraient à l'équinoxe, sous le signe du Bélier, le premier des signes, le chef de l'initiation. On y expliquait la destinée des âmes attendant au séjour du mal un état plus heureux, et le retour au séjour de la lumière dont elles étaient émanées. On choisissait le temps où le Soleil triomphe des ténèbres pour rappeler le triomphe de Dieu à la chute de l'ancien monde. Le Bélier était le signe. de la régénération mystique, comme il était l'époque de la génération physique : aussi Dieu, assis sur le trône de l'Agneau, s'écrie : Je vais faire toutes choses nouvelles. Et durant les premiers siècles de l'Église, les fidèles réunis la veille de Pâques, attendaient la fin du monde, la venue de l'époux, les noces de l'Agneau.

Le nombre sept est employé vingt fois dans l'Apocalypse, le nombre douze quatorze fois, ce qui indique bien l'allégorie astronomique : les sept villes de la Lydie qui y sont nommées étaient comme sept loges de la même société, et chacune était l'inspection d'une planète ; il paraît que les mystères de cette secte, qui était l'initiation phrygienne, se célébraient à Pepuzza. Mais Jean s'adresse aux fidèles de Thyatire, où c'était la religion dominante.

On y voit le ciel appuyé sur les signes des quatre saisons, le Taureau, le Lion, l'Aigle ou la Lyre, qui répondait au Scorpion, et l'homme ou l'ange du Verseau, qui occupait le solstice d'hiver ; page 195. On y reconnaît aussi les constellations du printemps : le Vaisseau ou l'Arche, qui se lève le soir ; la Vierge, que poursuit un serpent, comme on le voit sur le globe céleste ; le fleuve de l'Éridan, que le Serpent vomit pour submerger la femme ; ce fleuve est en effet la constellation qui se lève au coucher de la Vierge : l'ange Michel qui terrasse le dragon comme l'Hercule céleste remporte la victoire sur la constellation du Dragon, qui descend quand celle d'Hercule monte. Un prince nommé Belier régnait, suivant Pausanias, quand Python fut tué par Apollon.

On trouve dans l'Apocalypse la Baleine, qui est en effet placée sur le Belier, tandis qu'au nord monte la tête de Méduse, autre constellation ; et l'on voit réellement sur le globe que lorsque le Belier se lève, il est entre la queue de la Baleine plus au midi, et Méduse qui est plus au nord ; mais qui monte en même temps : Méduse est près du génie armé d'une épée, où l'on reconnaît la

constellation de Persée, et qui triomphe de
la première et de la seconde bête ; on y voit
aussi la constellation du Bouvier, qui était
à l'occident lorsque Persée était à l'orient,
ainsi que le Belier. Le nombre de la bête
dans l'Apocalypse est 666, et c'était le ta-
lisman des anciens astronomes ; en sorte
qu'on ne peut se refuser à l'explication astronomique de l'Apocalypse.

La constellation de la Vierge est celle
qui fournit le plus d'emblèmes, le plus
d'allégories, le plus de fables. Elle porte
un épi, et l'on en fit Cérès, déesse des
moissons. Cérès, s'unissant à Neptune,
avait produit un cheval, parce que quand
cette constellation se couche ; celle de Pégase se lève. Comme elle est voisine de la
Balance, on en fit Thémis ; comme elle est
près du Vaisseau, on en fit la déesse de la
navigation, Isis ; aussi la ville de Paris, qui
est la ville d'Isis, avait un vaisseau pour emblème. Au printemps, elle se levait à l'entrée de la nuit ; c'était la Sybille qui ouvrait
la porte des enfers ; à l'équinoxe, elle ouvrait la porte du jour ; au solstice d'hiver,

elle se levait à minuit ; c'était Janus qu
commençait l'année ; c'était l'étoile des ma-
ges d'orient qui annonçaient la naissance de
Jésus-Christ.

On représenta l'image du Dieu du jour
nouveau né, entre les bras de la constellation sous laquelle il naissait ; et toutes les
images de la Vierge céleste, proposées à la
vénération des peuples, la représentèrent
allaitant l'enfant mystique qui devait détruire le mal, confondre le prince des ténèbres, régénérer la nature, et régner sur
l'univers.

J'ai cru ne pouvoir mieux terminer l'astronomie qu'en faisant connaître l'usage
qu'on en fit dans les siècles les plus reculés,
et le moyen qu'elle fournit pour l'explication
de ce qu'on a célébré le plus dans l'antiquité
de ce qu'on célèbre encore, et dont on ne
connaissait pas l'origine. On peut voir à ce
sujet le *Mémoire sur l'Origine des Constellations*, et le grand ouvrage intitulé : *Origine de tous les cultes*, ou *Religion universelle*, 3 vol. in-4o.

FIN.

# TABLE.

FIN DE LA TABLE.